你不必成為任何人

給即將或正值30世代的你，
無條件接納自我的阿德勒心理學

朴藝真——著　劉宛昀——譯

序章

引領你前進的力量，源自於你

近幾年，三十多歲的族群總是活在焦慮之中。因為擔心不確定的未來，於是不斷地為了找尋新出路而孤軍奮鬥。這些人從小就被灌輸「進入好大學或好職場，未來才會有保障」的觀念，所以在學生時期就用功讀書，為了取得優秀成績考上好的大學。以為大學畢業後，只要找份穩定的工作，人生就能一路順遂。

然而進入職場之後，才意識到連工作都無法保障自己的人生。公司裡四十歲以上的前輩們，為了升遷不分晝夜地忙碌，還得耗費心思打點職場上的人際關係。

往後可能活到一百歲、甚至一百二十歲的三十世代，正面臨著職場無法保障自己餘

生的現實。就算在公司裡鞠躬盡瘁地努力工作，管理職位也是有限；即使能幸運地從高層退休，退休年齡也不過才五十多歲而已，實在太早了。於是他們開始煩惱：「既然也不是特別熱愛目前的工作，是否該開始找找新的出路？」內心卻必須不斷壓抑這樣的念頭，因為一旦選擇了新的道路，人生似乎也表示回到原點。

看到社群軟體上朋友們的動態，卻感覺只有自己進度落後，停在原地。也不時就會聽說同輩懂得提升自我、理財有方，除了薪水之外還有其他收入，已經買房或達成財富自由的故事。

好像這世上，除了自己以外的人都過得很好；相較於別人，自慚形穢；無論多麼努力，也無法實現願望；感覺自己背負著絕對不容許失敗的沉重壓力；擺脫不了他人的目光，害怕踏出第一步……假如你心中正不斷浮現這些想法，那麼，接下來的故事請務必說給獨自面對世界的自己聽。

體弱多病的孩子，將自卑感化為原動力

與佛洛伊德、榮格並稱為「現代心理學三大巨擘」的阿爾弗雷德．阿德勒（Alfred Adler），既是奧地利的猶太裔醫師兼心理治療師，亦是提出個體心理學的創始人。阿德勒也被讚頌為「勇氣的使者」。至於他是如何成為奠定現代諮商心理學基礎的個體心理學創始人，又是何以成為「勇氣的使者」，就要從他的生平來探究了。

阿德勒的童年時期充滿了焦慮與自卑。他因為罹患了佝僂病，走路很緩慢，三歲時還曾目睹弟弟的死亡。五歲時，他突然昏厥，命在旦夕，前來看診的醫師對阿德勒的父母說：「我再也幫不了他了，請兩位做好心理準備。」聽到這番話的阿德勒便下定決心：「等我成為醫生，我要為患者帶來希望，而非絕望。」因而存活了下來。

從小就身體虛弱的阿德勒，個子比起同儕矮小，因此在面對和自己完全相反的哥哥西格蒙德（Sigmund Adler）時，總是感到自卑。不過，他並未沉淪在自卑

感之中。阿德勒透過如登山等方式鍛鍊體力，努力地克服自卑心。長大成人後，於一八八八年進入維也納大學攻讀醫學，成為眼科醫師。

現代心理學三大巨擘——阿德勒

當代心理學家之所以狠狠批判了佛洛伊德的著作《夢的解析》，是因為佛洛伊德用來分析人類心理的工具，是「無意識」與「夢」等難以透過臨床試驗證明的事物。然而，阿德勒卻在一九〇二年向學界發表了擁護佛洛伊德《夢的解析》的意見，這也成為阿德勒受邀參加佛洛伊德所主辦的「週三心理學會」的契機。他開始和佛洛伊德、榮格一起活動。一九〇八年，「週三心理學會」發展成維也納精神分析學會，而阿德勒也於一九一一年擔任學會議長，以及精神分析學誌《國際精神分析學》總編輯。

但是阿德勒與佛洛伊德對於形成人類性格的關鍵因素上，有著不同的見解。佛洛伊德認為人類的基本需求是性慾，且當下的想法與行為是受到過去的無意識所影響。他也認為人類無法克服出生環境和基本需求，許多影響因素在童年時期就已經「確立」了。

相反地，阿德勒認為人類的基本需求是成長的需求。他主張人類在克服自卑感，努力成為更好的人的過程當中，同時也獲得了成長。阿德勒在戰勝自卑時所經歷的一切，成為了他的學說基礎。因此他認為，為了克服自卑心，人們面對生活的態度與對其賦予的意義十分重要。阿德勒說：「人類在審視自己時，會肯定自己為了成為更好的人所做的努力，並在此過程中，對於人生的觀點和態度也隨之改變。」因此，阿德勒的立場是主張人的性格具有改變的可能性，這是一種選擇論。

基於上述的歧見，阿德勒退出了精神分析學會，並於一九一二年創立了個體心理學，也創設了個體心理學會。而個體心理學，正是主張自卑感能成為自我成長動機的學說。

他受到了斯多葛主義、康德、達爾文、尼采和馬克思的影響，而建立其心理學理論：人在本身意志受到阻礙時會產生自卑感，為了戰勝自卑，進而開發自身的潛力。此主張的前提是——認可並接納原本的自己。

「任何經驗都不能成為成功或失敗的原因。」

阿德勒也是精神治療的先驅。第一次世界大戰後，他成立了二十二間世界最早的心理諮商中心，這不僅影響了歐洲，在美國也掀起了一股熱潮。來到美國的阿德勒，為了阻斷偏差行為在家族內代代相傳，他尤其強調家族治療、父母教育、團體諮商教育與心理治療的重要性。與阿德勒合作的魯道夫．德雷庫斯博士（Rudolf Dreikurs），將阿德勒的思想體現於教育的領域，並設立了數間培育專家的大學。

阿德勒大學目前除了在美國芝加哥、加拿大的溫哥華與多倫多，也在歐洲與以色列等地設立據點，舉行由專家主持的學會活動和發表研究論文。雖然他因為出身自猶太家庭，納粹活動使他被迫關閉兒童心理諮商所，但他提出的個人意志與能力可以戰勝困境，並改變人生的主張，對往後的心理學帶來了莫大的影響。

阿德勒學派重視的是實踐阿德勒的核心精神——共同體精神，強調在個人與團體之外，人類與自然、人類和宇宙的相互合作關係與共同體情感。

獻給焦慮眾生的阿德勒心理學

致力於研究人類存在原因的精神醫學家阿德勒如此說道：

「人類具有選擇自己生活方式的能力。」

三十歲，是各方面都未臻成熟，為了彌補自身不足，而不得不進行生存鬥爭的時期。也就是說，人會為了朝向比現在更好的方向前進而努力。然而現今的三十世代，依然正苦思著自己存在的意義，並為了證明自己而費盡心力。在這條奮鬥的路上，他們焦慮的情緒與關係，將會在面臨選擇時，感受到自卑、不安與混亂。

對阿德勒而言，自卑感並非只有負面的意義。他認為人一旦感到自卑，就會產生為了追求卓越，而驅動自我成長這項本能。阿德勒為了拓展安穩的未來，也經歷過與現今焦慮的三十世代相似的處境，只不過他將自卑感昇華為克服自卑的勇氣與能力。

在戰勝自卑的過程中，我們內心的肌肉——也就是復原的韌性會受到鍛鍊，能力也會隨之成長。事實上，我們當下所感受到的自卑感並不會恆久不變，它會化為「能力不足」的自覺，而使人採取行動。

舉例來說，人會進行冒險投資，源自於「追求安穩生活」這一普遍的需求與終極價值觀；才剛進入新職場不久，仍不忘尋找其他工作機會的行為，也是基於追求更高社會成就的目標。換句話說，因為內心渴望變得更好，我們才會有願意多邁出一步的行動。

期許本書能代替阿德勒鼓勵你，藉由書中的二十七則故事，緩解即將進入三十歲的二十世代與正處於三十世代的焦慮，以及幫助你找到自身真正的價值與目的。至於書中的阿德勒話語，是筆者從其留下的文獻中，整理出能給予大家無限勇氣的句子。

童年時期戰勝了肢體侷限的阿德勒；二十多歲時攻讀醫學又同時涉獵心理學、社會學，並對哲學產生興趣的阿德勒；遇見了佛洛伊德和榮格，正式踏入心理學領域的三十二歲阿德勒；在後來即使受到壓迫，仍舊建立自己的心理學說，培育後輩的中年阿德勒……

對卯盡全力撐過充滿未知又不穩定生活的三十歲世代，阿德勒說：

「請鼓起勇氣全面肯定和接納努力活到現在的自己。」
「別和他人比較，請專注在自己達成的事上，鼓起勇氣依自己的步調過日子。」
「也請勇敢地放棄不屬於自己的東西，改變你的選擇。」

無論是一百年前或是現代，為了所有感到焦慮的人而奉獻一生的阿德勒也這麼鼓勵我們：「你做得很好。」並給予肯定：「現在付出的努力，終將成為你的助力。」

給獨自面對人生的你，一段鼓舞的話

參加接力賽跑時，我們往往只看到超前自己的人。在社會上也是如此，往上看，總覺得自己離想達成的目標非常遙遠，於是很容易認為：「我不夠好」、「我沒有價值」、「我好沒用」，在將自己和他人比較的同時，也自我貶低。

然而，若停下來回顧，應該也會發現自己其實已達成了不少成就；或往下看，又比許多人爬得更高，也還有人正嘗試登上自己所在的位置。儘管速度稍慢了點，但只要持續前進，就不會落後。而且自己也已經能夠靠得到的資源，在社會上生存下去；並從過去戰勝困境的經驗中學到了許多訣竅，只要懂得活用就沒問題。既然都已撐過三十年，累積了能夠適應任何環境的基本技能，今後就不需太過擔心。

別因為那些得不到的事物而動搖。更重要的是，把焦點放在你內心充滿積極的面向並且鼓勵自己。將注意力集中於你所擁有的、現在能做的、已達成的事物上，同時也更堅定地活下去。因為把思緒專注於內心的情感和正向的資源，將會成為你幫助自己克服眼前困難的力量。

我也是直挺挺地活過了三十年的人。獨自頂著風雨，熬過激烈競爭，一路孤獨地奔赴至今。雖然是跌跌撞撞地走來，但也因為經歷過各種大小挑戰，每當感到不足時，也會盡自己最大努力，試圖再更接近完美一點。

我們每個人都是在不同的背景下成長，各自為了適應身處的環境，孤軍奮鬥到現在。在這過程中縱使遭遇困難，我們仍會為了更美好的未來與幸福向前邁進。途中，當你感到辛苦時，請回想阿德勒的鼓勵話語，並且對自己說：「**我在充斥著不確定因素的世界裡活得很好！我非常愛這樣的自己。**」希望你能一直這樣鼓勵自己、為自己加油。

目錄

目錄

Chapter 2

目錄

Chapter 4

該如何活得更像自己？

——阿德勒的自尊感訓練

目錄

Chapter 1

如何能不再將自己與他人做比較？

01

自卑感是所有目標與努力的原點

只要活著，就會感到自卑。
若能接納自身的不完美與不成熟，
即可展開自由的人生。

「成功是自卑的另一種結果。為了消除自卑感而奮鬥的人，將能夠實現某種成果。從人的立場來看，自卑感是所有進步的原因。自卑並非不正常，人類的歷史其實就是克服自卑的歷史。人的天性就是會與他人比較，只要是自己做不到或無法擁有的事物，便會產生不如他人的感受。」

重考幾次而比別人晚兩年上大學的智英，總是自覺落後他人，所以課程從不缺席，十分努力地累積學分、參加比賽等，即使假日也不休息。或許因為這樣，她在畢業後立即進入了國內知名的企業工作。智英認為自己過去的努力終於有了回報，所以面對辛苦的工作或頻繁的加班也總是毫無怨言。某天，久違地參加大學同學聚會的智英，聽到了一些不常聯絡的朋友消息。

「允熙抽中慰禮*那帶的公寓認購權，就快要入住了。」

「知雲學長的小孩都已經三歲了！最近大家都說要把小孩送去英語幼稚園，這讓他很煩惱。」

別說結婚和育兒了，連償還學貸都感到吃力的智英，想到就業後仍有許多關卡必須跨越，瞬間覺得快喘不過氣來，而朋友們彷彿都跑在距離她很遙遠的前方。參加完大學同學會後的智英，開始變得焦慮。

*：是百濟早期的兩個首都名字，它的位置位於現在的首爾。

名為「焦慮」的成長之痛

現今的社會，並不會將三十世代視為能夠完全獨立自主的年齡，無論在經濟或人際層面，都還是尚未成熟的年紀。戀愛關係不順遂，與職場同事、上司之間也有衝突，對生活的滿意度低落，可說在各方面都為成長所苦。

大多數人在二十歲時讀大學，畢業之前埋首於課業，努力獲得好的成績與累積經歷。直到大學畢業進入社會，才開始將注意力轉移到自己的內心。此時，個體正處於仍需仰賴父母支持、渴望獲得認可的依附狀態，與因期盼自立而感到焦慮的階段交錯重疊。

近年來，發展心理學者將三十歲初期稱為「新生成年期」。這時，雖然尚未具備從寵愛自己的父母手中獨立的能力，卻已不斷主張身為成人的特權。儘管有些人仍在學校與父母的羽翼之下，卻也知道自己比起孩童、青少年已年長許多。而當身邊朋友接連因為就業、結婚而漸行漸遠，父母也減少支援時，這才真正感受到踏上獨立人生的必要性。

同時經歷著「依存感」與「獨立心」兩種情感互相衝突與產生心理困境的，正是三十歲這個時期。雖說是社會人士，但其實仍過於青澀，因為這時才剛開始審視自我內心世界而已。與此同時，如果其他的同輩做了相對於自己更多的準備，相較之下，就會產生自卑心。當自己未能實現的成果迫在眼前時，就會感到匱乏。

自覺不如人的感知過程，是非常主觀且個人的，不受他人給予自我的評價及意見影響。無論周遭的人如何讚美自己做得很好，依然只會注意到自身的不足，並萌生「必須做得更好」這種不切實際的想法，而這正是阿德勒所說的「自卑感」。

這種不安於現狀的態度，或許能驅使我們在社會上成為更好的人，但在社會上取得的成就，卻不能讓人完全恢復自尊。假如只是一味地專注於獲得成功，有很高的機率會疏忽人際關係的經營。於是，最終仍然可能因為僅得到了「人生的半個成功」而感到自卑。因為人類既渴望在他人面前不感自卑，又希望透過合作與相互影響，維持良好的人際關係。

如今已獲得「國民歌手」稱號，在十幾、二十多歲時便功成名就的歌手IU＊，也曾說過：「只埋首於工作的人生是不完整的。」因為即使事業有成，但是從「是否善待自己」和「是否疏忽人際關係」的觀點來看，仍然很難給出滿分的成績，於是她如此評價自己。

人會受到環境影響，但人也能改變環境

阿德勒童年時期因罹患佝僂病，他的背部、四肢彎曲，個子小且身體虛弱，主治

醫師甚至得定期到家中看診。因此，他總是被拿來與體格壯碩、一直很健康的哥哥西格蒙德做比較。

某天，年幼的阿德勒在一陣痛苦哀號之後病倒了。當天前來診治阿德勒的醫師對他的父母說道：「身為醫生能做的我幾乎都做了，希望兩位做好心理準備（阿德勒也許就此長眠）。」阿德勒雖然當下意識不清，仍依稀聽見了這段話，於是他下定決心——將來要成為醫生，為病患的生命帶來希望，並誓言絕不對面臨死亡威脅的病患說出如此絕望的話。

或許是他的決心太過堅定，阿德勒的身體狀況與醫師的預言相反，原本臥病在床的他，開始逐漸康復。他透過登山活動，慢慢地鍛鍊體力，也比一般人更注重健康管理，因而好好地活了下來。之後如願成為醫師的阿德勒，也創立給予陷入絕望的人們勇氣與鼓勵的個體心理學。

＊：韓國K-pop創作歌手、偶像明星和演員，也是K-pop的暢銷創作歌手之一。

如何與周遭環境中的人們建立關係與互相影響，將會形塑一個人的自尊感、生活方式與人際關係。而這也是為何在相同環境中生長的兄弟姊妹，卻會擁有不同的個性，生活樣貌也各自多元的主因。

阿德勒指出，在童年時期產生自卑感的原因主要有三點：

第一點，來自於身體上的缺陷。

無論身體缺陷是先天或後天，都會引起自卑。這些孩子為了彌補自身的缺陷，他們需要付出額外的努力。比如說，先天有視力障礙的孩子，嗅覺與聽覺會變得特別敏銳。個子天生矮小的孩子，經常會傾向透過運動，用心鍛鍊肌肉、打造強壯體魄。

第二點，來自於受到過度保護的成長過程。

受過度保護的人，長大後依舊期盼有人能持續照顧自己。他們會因為依賴父母的決策與控制，而阻礙了獨立思考和行動的機會，同時感到自卑。這樣的思維，將阻礙他們成長為一個具有自我意識的人。

第三點，在過度匱乏的環境下成長。

這些人很害怕無法從他人獲得對自身努力與能力的肯定，可能是因為過去曾遭受父母拒絕或未能得到充分的關愛，於是抗拒新的嘗試。他們將幼時未能受到認可的自己，誤以為是真正的自己。進而認為「我是缺乏父母關照的人，所以不如那些備受父母寵愛的人」，並因自卑而影響無限發展的可能性。他們也可能放棄積極參與，或停止為所屬的生活圈做出貢獻。

那麼，飽受自卑感困擾而焦慮不安的三十世代，該如何戰勝現況？若將三十幾歲視為「嘗試獨立的時期」可能更為適切。這是確立自我認同，為了能在社會上找到立足點而邁出腳步的階段。若想成為真正的大人，我們必須積極地審視和接受自己所處的情況。此時，非常需要不斷地與自己進行對話，例如像這樣稱讚自己：「我一路以來總是不斷適應新的環境，並在多方嘗試下，發展出自己獨特的人際相處祕訣。」

請試著在日常生活中，進行肯定內心和行動的「自我對話」。這也是成為自己的監護人，對仍在成長中的心靈給予鼓勵和支持的表現。

肯定自己做得「好」與「不夠好」的部分之後，如果能將認可的範圍再向外擴展，將更為理想。這是為了讓剛在社會踏出第一步的你，賦予自己勇氣與動機，並準備好迎接新的挑戰。請對自己這麼說：

「〔這些部分〕我做得真好；還有〔那些部分〕只要下次改進就可以了！」

相信開啟這段人生的「我」，能夠打造自己的人生。因為「我」擁有這份自由，未來才能更加充滿希望。

我們總是習慣將自己
與周遭人心中的理想形象做比較，
藉此找到活下來的目的。
但唯有透過對自我內心的肯定，
成為真正的自己，
才能不再因他人的眼光而動搖。

02

覺察隱藏在外顯目標背後的目標

如果你正在理想與現實之間飽受煎熬，請檢視看看表面上的目標，以及隱藏在其背後的目標。

「人一旦立下了『我想到達那個地方』的目標，就會不知不覺為了達成目標，而開始實踐自身想法與行動。而每個人想完成的目標背後，也都承載著他們努力追求的深層渴望。穩定、安全、認可、快樂、和平等表面上的狀態，唯有與隱藏在內心深處的終極目標與價值相契合時，才能真正成為動力，進而轉化為行動。」

早在十多年前，「三拋世代」這個名詞就已蔚為流行，指的是拋棄了戀愛、結婚、生育這三件事的二十與三十世代。也就是說，年輕人們拋棄了這些過往曾視為人生中必須經歷的關卡。而最近幾年，甚至更常聽到將「這一生完蛋了（이번 생은 망했다）」這句話簡化而成的新造詞「一生完（이생망）」。看來年輕人拋棄的事，已遠遠超過了三樣。

「一生完」通常是年輕人悲觀地嘲諷自身處境時會使用的詞。那麼，究竟是哪些已經完蛋了，什麼還沒完蛋呢？每個人對於「完蛋」和「還沒完蛋」的定義相差甚遠。有些人即使多益成績考到980分也會哀號「完蛋了」；有些人得到700多分的成績，就認為自己「成功了」。每個人對成功與失敗的判斷標準各不相同，原因就在於人們追求的「理想中的我」有所差異。

理想的目標，造就理想的自我

然而，人總是將焦點放在自己不足的一面，甚至已經實現目標之後依舊如此。認為「我還不夠好」，而不斷地朝著變得更好的方向前進，所以一直感受著挫折。

為什麼人習慣只注意到自己不夠好的一面呢？依據阿德勒的說法，這是由於我們經常會將自己與他人比較；與他人比較時，更希望自己能在各方面都佔有優勢。很多人會將心思集中在「全校第一名」、「進入大公司工作」等為了能表現得比他人優秀而設下的目標。那麼，這些人難道真的只要在各方面成為「最優秀」的人就能夠滿足了嗎？

不會的。如果仔細觀察，就會發現我們並非單純想成為最優秀的人，而是想要在某個領域中成為自己認知中最優秀的人。我們希望自己能在特定方向發展得很好、成為佼佼者、一路飛黃騰達，這都是內心中認為的「理想自我形象」，而朝著這個形象邁進，正是塑造自我認同的過程。

「必須成為〔這種人〕」的冀望，存在於每個人的內心。例如，「最優秀講師」、「最優秀作家」、「最優秀父母」等，都是所有自我追求的終極形象。想成為「最優秀講師」的人，其實已在內心建構了最優秀講師的形象，並朝著這個最終目標思考和行動。他也會為了精進授課能力，多觀摩其他知名講師，並致力於開發課程內容，以及為了做出差異化而出版書籍。

上述情況，是一個人已明確地掌握了自我形象，並建立自我認同的例子。但是仍有許多人其實不清楚，也尚未意識到自身的目標為何。因此，他們只能將注意力擺在建立一個能夠超越他人的目標，並依此原則做決策。

聖哲的夢想是在郊區蓋一幢小屋，以務農維生。不過現實中，他是生活在都市裡的三十多歲受新階級。「無論如何，還是得買間房子吧？」面對盛怒質問的妻子，聖哲硬是透過父母、祖父母、銀行和合作社湊足資金，買下了房子。

但接著發生了什麼事呢？光是每個月一半的薪水得用來支付房貸利息，負擔就夠沉重了，還不時聽聞房屋成交價比去年下跌了至少三億韓元，而且貸款利息還漲了兩倍。聖哲面臨著明天就得立刻兼差跑外送或代理駕駛的窘境。反觀與他差不多時期購入公寓的同事，不僅下跌的房價已回檔，甚至還創了新高價。

為什麼其他人的生活都如願以償，我的人生卻事與願違。聖哲今天又一邊買彩券，一邊向上天抱怨著：「我的人生怎麼會這樣？」

物質無法填補心理的空虛

阿德勒說：「人的內心，永遠會驅使自己往更優越的方向行動。」而之所以產生讓人如此行動的動機，是因為我們有必須達成的目標，這就是「行為目的論」。意即，為了實現心中渴望的自我形象，我們會對現在的自己感到自卑，因而努力想要變得更好。就算在新的環境裡，可能會因為不熟悉而感到不自在，但我們仍會盡力擺脫這樣的狀態，讓自己能更好地適應。

而人們會如此努力達成目標的時期，正是三十多歲的時候。然而，當年紀來到三十歲，卻尚未找到理想的自我形象時，就可能會產生衝突——這樣的人很容易受到週遭環境的影響。**他們不僅對他人的眼光過度敏感，個人意見又容易因環境變化而動搖，內心混亂不已。**

如果他們追求的不是自己真正渴望的人生目標，而是盲目追隨他人的目標，久而久之，便可能引發價值觀衝突。一方面會因為無法擁有他人所追求的事物而著急，容易因此感到挫折，一方面也責怪自己、埋怨社會。此時，他們大概就會使用「一生完」一詞了吧？

或許有些人會問，無論是要適應任何一種環境，都得先滿足物質需求，才能安定下來，不是嗎？然而，即使已在物質上得到滿足，也並不代表就能獲得心理上的安定感；人們依舊會感受到內心的欲望，因而設下更高的目標。

比起追逐他人的目標，三十歲是一個更該先確立好自我認同的階段。而自我形象則是從童年時期起，在經歷各種嘗試後所形成的。接著在成長期，揭露出符合性向發展的目標，再藉由反覆試錯而逐漸實現。在二、三十多歲時，我們搖擺不定，一下感到挫敗失望，一下又快樂欣喜；直到了四十歲，對於自身的理解與認同變得更加清晰，情緒也會更穩定，進而能夠堅定地確立自我形象。

尚未確立自我認同的人，即使有足夠能力，但如果達不到「我必須是最好的」這種模稜兩可的目標，內心仍會感到不安，並汲汲營營地追逐其他目標。這樣的人就算有能力在精華區購入一間最昂貴的三十坪公寓，幾年後，如果在更好的地段，新建了一棟比他現有房產價值更高的物件，他可能在入手下一間新屋之前，內心都將持續感到焦慮。

因此，你必須釐清自己之所以想「成為最好的人」其背後的真正目的，並確認這個目的是否與內心的自我認同一致，還是這份焦慮只是源於你想超越他人的優越感需求。這是因為在外顯的目標背後，必定藏著我們心目中理想的自我形象。當你能看清各種目的的背後，就能夠掌握自己真正的面貌，並做出不讓自己後悔的選擇。

你在何時會感到安穩？當內心覺得不確定時，又會如何行動？三十多歲的階段，正需要你好好深入瞭解自己真正想追求的理想自我為何。

03

越是渴望受到認可，就越是汲汲營營

在不停受到試煉的人生中，我們必須不斷地觀察自己。

「為了證明自己比別人更好而努力嘗試且得到肯定的人，內心都有自卑感。」

「我們都想成為孫興慜*。」這句話的意思是，我們都想在組織裡成為能力出眾的優秀選手，同時妥善地發揮自身的長才，成為團體的助力，並同時受到其他成員的肯定。

愛因斯坦（Albert Einstein）曾說過：「人類的價值不在於能夠獲得多少，而是在於能夠付出多少。」人在成為對社會或所屬組織有所幫助的存在時，會感到自己是有價值的。我們在從事一項工作時，企圖達到某種成果的心態，亦是基於相同的理由——因為可以藉由這項成果，證明自己的存在。

在學生時期，我們將課業成績視為能夠證明自己的工具；長大後，則以大學、職場、年薪等，作為展現自身價值的象徵。人們都企圖以數字或名片，來獲取他人對自己的認可。阿德勒認為，人之所以會產生這種心理，是由於我們生來便擁有想要比他人更卓越的隱性目標，同時也有著想與人合作、一起創造美好生活的共同體需求。為此，我們會試圖取得他人的肯定。因為若得到了「我比某人做得更好」的評價，就會隨之產生優越感，並感覺自己是個有用的人。

然而，若長期為了迎合他人的期待與認可而活，我們對人生的主導權將不可避免

＊：外號「亞洲一哥」，南韓職業足球運動員。

地受到限制。假如將他人對自己的肯定擺在優先順位，那麼，當無法達到目標時，我們將為此耗盡氣力，並深陷執著。即便受到了某個人的認可，也可能會想起其他不認可自己的人，使得內心一再衝擊。

發展心理學家艾瑞克森（Erik Homburger Erikson）曾表示：「二十至三十歲的成人初期，是我們認識和包容家人以外的他人，並克服彼此間差異與歧見，進而發展出親密感的階段。」也就是此時會形成對自身的認同，並透過與他人之間適當的交流，維持著親密的關係。若在此階段未能達成上述發展，我們將孤立於人群之外，而逐漸變得只專注在自身。

人在決定性的瞬間，卻躊躇不前的祕密

恩河是名校大學的畢業生，但這已經是他收到的第五封面試落選簡訊。高中時

期的他，成績總是班上第一，進了大學後，課業也保持名列前茅。不僅父母以恩河為傲，身邊朋友也都認為他很了不起。但就是不知道為什麼，在就業這個關卡卻不斷嚐到苦頭。不知從何時起，即使已通過書面審查，他也不去參加面試了。

因為恩河不想被貼上「失敗者」的標籤，於是索性迴避被他人評價的機會。他認為，因未參加面試而落選，總比因能力遭到評價後落選來得好。

這是一種「自我防衛」的行為。因為不想因他人的評價而感到自卑，所以乾脆無所作為，以避免自己變得自卑。

對於極度害怕他人評價的人來說，他們往往會低估自己的實際能力。這是因為他們設定的標準過高，且過於渴望獲得他人的認可。然而，這將會導致「認為唯有得到肯定與正面評價才能受到尊重」的低自尊狀態延續下去。當一個人在內心對自己的期許是「就讀名校大學」，但現實中卻是重考生，便是個典型的例子。

這樣的人在人際關係中也會顯得畏怯，因為害怕被人發現自己的缺點而戰戰兢兢。由於對自己抱持著負面評價，即便被稱讚做得很好也難以接受，反而會產生「我只有這種能耐」的愧疚感，或是又有了「我應該滿足更高期待」等其他的恐懼感，同時也會對周遭人給予的評價過度敏感，內心容易受傷。

人之所以會給自己負面評價的原因有很多。首先，父母的影響是最大主因。如果父母以苛責的方式養育孩子，或持續將孩子與他人比較，不僅讓孩子對自己感到羞恥，孩子也會對負面評價感到懼怕，並且自我批判，內心萌生出更多的負面情緒。無論做任何事都缺乏自信，也會開始自責、無法接納自己。更嚴重者，甚至在受到別人批評之前，就自我貶低。

在韓國，像這樣互相比較的情況尤其多，還因此出現了諸如「媽朋兒（媽媽朋友的兒子）」、「媽朋女（媽媽朋友的女兒）」等新造詞，意指那些常被父母拿來與孩子比較的朋友的優秀兒女。

今天是小組成員內部發表成果的日子，賢予在會議中聽了同事們的報告後，開始感到焦慮、掌心不停冒汗，甚至聽不見周遭人說話的聲音，彷彿所有視線都集中在她身上，呼吸便急促了起來。

「下一個就輪到我了，怎麼辦？他好像沒花多少時間準備，怎麼能把自己的意見表達得這麼清楚？」

聽完其他同事簡報後，主管們都露出了滿意的表情。輪到賢予報告時，腦中浮現的都是曾被指責的記憶：「說話吞吞吐吐的」、「簡報沒有重點」，於是一心只想著趕快結束報告。好不容易講完了，雖然根本不記得自己說了什麼，不過主管們對賢予說：「準備得很好。」然而，這句話在他耳裡聽起來卻像是客套話，其他同事好像也對著他笑。

「早知道就準備得更多。」

「早知道就再多請教其他主管。」

「應該要再多演練幾次簡報的。」

賢予滿腦子只想著自己報告得不夠好、像個笨蛋一樣，好想快點離開這裡。

從他人的認可中解放

期許自己比他人更好，是每個人生來就具備的天性，同時也希望能與其他人和平共處。因此，期待他人給予自己認可的需求，以及對他人的信賴、同理、體諒，亦是人類與生俱來的本性。

然而，假如總是配合他人的期望而活，將會讓自己不斷與別人比較、競爭。當認可需求與競爭意識如影隨形，這樣的人生將變得不再快樂。因為想獲得肯定，所以無時無刻都必須為了爬得比別人更高而努力。還會一再放大檢視自身的不足，給予自己過低的分數。

請不要再將自我價值完全寄託在他人的評價上。與其一味追求更好的成果或渴望被他人認可，將焦點放在努力的過程也同樣至關重要。**不斷批判自我的人，也容易給予他人較低的評價；認為自己不夠好的人，同樣也更會挑剔別人的缺點。**如此一來，不但人際關係變得緊張，對於別人的眼光也會更加敏感、行為變得畏縮。

這些其實都只是你個人扭曲的想法罷了。從現在起，我們需要採取其他方式應對。請以正確的方法衡量自身的價值吧！認清自己至今所達到的成果，是比他人投入了更多時間後所獲取的心血結晶。請別讓外界的認可與期待來左右自己。你所做的事、你的價值與存在的意義，只有你自己才能給予認可。**無論是多微小的成就，都請全然接受。**我們的珍貴並非源於某個特定理由，而是因為一路走來，經歷了人生的種種起伏，這段過程本身就足以彰顯自我的價值。

如果比起已達成的目標，更在意沒能實現的目標，而且只意識到外界眼光的話，你將永遠無法擺脫以「我必須很優秀才能受肯定」為前提的人生。持續在意別人想法的話，反而更容易讓人犯錯，甚至對芝麻小事都變得分外敏感。相反地，若將注意力轉移到自己的內在，將會發現其實你已經實現了許多成就。

你是站在自己這邊的，還是站在別人那邊的呢？答案就取決於個人了。

「我必須完美、必須受到認可。」
「我必須表現傑出、受到歡迎。」
「我必須配合大家、不能被拒絕。」
讓我痛苦的人，說不定就是我自己。

04

我們的身心會記得

我有必須照料好自己的責任。
因此要更惦記自己、愛自己。

「心理與身體的連結至關重要，我們尤其應該留意身體的生理反應。壓力會藉著緊張傳達至全身，透過自律神經系統與內分泌系統的各種作用而引起血液循環、分泌物、肌肉緊繃等變化，影響幾乎是遍及所有的器官。意即，身體器官的孱弱與心理是否強大兩者息息相關。」

寶瑛在感受到壓力時會過度進食，但每次吃完後又總是感到後悔。因為他是容易發胖的體質，所以一直在進行飲食控制，但只要一感受到壓力，便難以抑制食欲。長時間下來，他開始暴飲暴食，與那些能快速吃完的速食和碳酸飲料為伍。

這已不是感到飢餓與否或食量大小的問題。他認為，只要一直填飽自己的胃，就能暫時緩解飢餓，可是過沒多久又會覺得餓了。雖然自己也知道這並非健康的紓壓方式，就算能忍耐一陣子，之後又開始暴食。儘管寶瑛總說要控制飲食，卻又看見那個瞬間崩潰的自己，他對於受到壓力就倒下的自己感到非常失望。

依據某研究機構以一千名二十歲至三十九歲成人為對象進行的調查數據來看，三十歲以上成人所承受的壓力，比起其他年齡層更高。這意謂著，進入而立之年的人生確實不好應付。

而其中最主要的壓力來源是經濟上的困難，回答壓力來自職場的受訪者也很多。

除此之外，還有對於未來的焦慮、健康、家庭關係、缺乏個人時間、環境因素、人際關係、社會與政治問題、結婚、就業和生育壓力等。上述因素與百年前阿德勒所指出的「弱勢經濟環境」與「過度壓力引發的身體病痛」等問題，皆出於相同的脈絡。

近年來，約十個人當中就有八個人表示受到壓力的程度與強度都比以往更甚。針對「是否有獨特抒壓方法」這道提問，回答「擁有完全屬於個人的時間很重要」的受訪者最多，比例高達76．5%。此外，其他回應還包含睡眠、看電影、追劇、吃美食、散步、運動、喝酒、從事嗜好活動、與朋友聚會、打電動、發呆、逛街等。

從以上資料來看，現今的年輕族群，不僅在日常生活中頻繁地感受到壓力，卻也無法徹底地排解壓力。然而，壓力對於心理、身體和社會都帶來全面性影響，尤其在心理層面上，會誘發負面的情緒，致使我們時常產生焦慮、憂鬱等感受，進而妨礙日常生活，造成惡性循環。更甚者，賀爾蒙與神經傳導物質的變化，也會引發癌症與心血管疾病。「壓力是萬病之源」這句話就是這麼來的。因此，深入認識壓力與管理壓力，是非常重要的。

因渴望被認可而產生的壓力

有時睡眠品質會變得很差，感到慢性疲勞、意志消沉、無力感增加、肩頸僵硬等，或總是昏昏欲睡，這些徵兆就是當我們感受到壓力時的樣貌。

「壓力」是用來保護自我的一種警訊，它傳達著「外部刺激破壞了身體平衡，請集中精神、緊張起來」的警告，所以我們必須察覺到壓力，並採取應變措施。然而，現代人往往在剛紓解完壓力後，便立刻面臨新的壓力，讓我們痛苦不已，就像是飽受慢性病痛折磨一樣。

每個人遭遇壓力時所產生的反應也有所不同。有些人會因此變得更敏感、更苛刻，更容易暴躁或生氣。相反地，也有些人遲鈍到不將壓力視為壓力。

人會感受到壓力的原因有各式各樣，大致可分為外部因素與內部因素。外部因素包含了物理性因素（噪音、光線、狹窄的空間等）、社會性因素（規範、氛圍、制度等）、突發事件（分手、失業、生育、死別等）。而內部因素則有生理因素（家族病史、肢體殘障、疾病等）、生活形態（睡眠不足、過勞、攝取過多咖啡因等）、心理與情緒因素（緊張、焦慮、恐懼等）、個人特質（完美主義者、強迫症、自尊感低落、目標過高等）與人際關係等。

而在上述感受到壓力的原因之中，又以心理與情緒因素或個性因素佔最高比例。因為我們會產生這些想法：

「我必須完美無缺，犯錯的話就完蛋了。」

「我必須讓所有人都喜歡我。」

「我必須讓所有人開心，否則就不是受歡迎的我了。」

當職場關係、戀愛、就業、生涯規劃等層面，無法依預想的方向發展時，人就會產生壓力。

舉例來說，一個認為「為了不被討厭，而必須滿足他人期待」的人，會不斷地看人臉色，依照大家的期待來改變自己。如果是上班族，在面對職場上的要求時，將無法堅持自己的想法，甚至會把別人的工作也視為自己的工作，於是壓力倍增。他會因焦躁不安而一邊懷疑自己「是不是做錯了什麼」，一邊逼迫自己完成工作。這類型的人若無法滿足他人，往往會認為自己是「沒有用的」或「不被肯定」，甚至擔心在組織或人際關係中遭到邊緣化。假如抱持著這種負面想法的話，壓力將永遠如影隨形。

把壓力與自我分離

在職場上所承受的壓力，並不會在下班後就消失；因為一旦壓力在內心佔據了一席之地，便會儲存在體內，我們的身體是會記憶的。壓力出現後，生理上的反應也就伴隨而來，可能會飽受肚子痛、腹瀉、便祕所苦，而出現消化不良、頸部僵硬、精神不濟、完全無法思考的症狀。視壓力的強度而定，身心都可能受到全面性的影響。

如果承受了高強度的壓力，有可能會罹患真正的疾病。自律神經系統受到刺激，會分泌出大量的壓力賀爾蒙「皮質醇」，血管機能於是受到阻礙，導致斑塊在動脈中堆積，血壓隨之上升。壓力也很容易引起肥胖，這是身體為了對抗外在的威脅，導致血壓與葡萄糖指數升高的緣故。

而在大腦中負責形成和儲存記憶的關鍵角色——海馬體，也會因壓力而萎縮，提高罹患阿茲海默症的風險。根據加拿大麥基爾大學的實際研究結果顯示，體內皮質醇水平較高的人，其海馬體的體積相對萎縮了14%。

除此之外，導致心率變高、心跳加速的腎上腺素也會大量分泌，這是造成心跳加速、胸悶與喘不過氣等的原因，還有可能罹患呼吸不順暢的心臟系統疾病。

為了想要暫時忘卻或逃避眼前的困難，許多人會選擇過度飲酒。然而，這種方式會導致無力感和疲勞不斷積累，最終形成惡性循環，讓人不斷回頭尋求酒精的慰藉。因壓力過大而導致酒精中毒，已成為一種常見的社會現象。

人類天生喜歡追求新鮮刺激，因此無可避免地會感受到壓力。例如，我們在達成目標的過程中感受到壓力，但同時創意和生產力也會提升，生活的滿足感也隨之而來。換句話說，**感受壓力，也是我們活著的證據**。

即使內心想實現更卓越的自己，但在精神世界裡不斷追趕這個目標的話，身體難免會感到力不從心。因為一直盡力避免犯錯、力求完美，所以總是疲憊不堪。我們終究需要學會好好應對壓力的方法。重要的是，必須覺察自身的狀態，意識到壓力的存在。如此一來，才能將壓力轉化成讓心理更健康的必要刺激。

從生理上的角度瞭解自己的身體之後，接著來審視由心理因素引發的焦慮、擔憂等情緒反應。請觀察自己在受到壓力時，會採取什麼樣的行動。重點是不能將「壓力」與「自己」視為一體，即「我是有壓力的人」，彷彿壓力是自己的全部，必須練習將自己與壓力分離開來。

以客觀的方式，把自己視為一個「正在經歷壓力的人」，也就是將「壓力」和「我」分別從「陷入壓力的我」抽離開來。如此一來，便能觀察壓力產生的根本原因，也請試著思考：

「我只是正在經歷壓力罷了。」

「我只是在這件事情上感覺到壓力。」

讓內心不受壓力而動搖，這與「我是受到壓力的人」，兩者有顯著的差異。

引發壓力的原因如果太過沉重，完全迴避、阻斷壓力也是一種方法。但若只是將必須做的事延後或擱置，也得留意因此而產生的焦慮感。身體為了生存下去，自然會隔絕和逃避壓力來源，等到狀態稍微好轉了，便有可能自行解決引發壓力的來源。

05

所有的情緒都有目的

我經常感受到的情緒，反映出現在的情緒如何？現在的人生如何？只要能掌管情緒，就能掌管人生。

「情緒是在有限的時間內運作的心理活動。受到壓抑的有意識或無意識需求，會忽然間流露出來，如同人的個性一般，具有明確的目標與方向。情緒會在產生某種意義時顯現，並呼應人的生活方式或行為模式。」

阿德勒認為，情緒產生時的外顯行為背後，皆有其目的。舉例來說，與同儕或兄

弟姊妹爭吵時，小孩哭泣的行為背後，往往隱藏著企圖在競爭中勝出的目的。因為無法憑力量對抗，於是試圖藉由哭泣來得到周遭有力人士的幫助，以獲得勝利。

多數人不會想到情緒背後有其目的，通常只將情緒理解為外部刺激所引發的反應。然而，情緒實際上是由自身的選擇和決定在內心萌生，並逐漸擴展向外的。

隱藏在情緒背後的真正需求

以下是幾種常見情緒，請觀察在其背後表現出了何種目的。

・罪惡感

如果仔細觀察有罪惡感的人，往往會發現他們的心理其實相當自我。原以為罪惡感是指對他人造成損害而感到抱歉的情緒，為何卻說是以自我為中心呢？罪惡感確實是源自於個人的道德感沒錯，但諷刺的是，感受到罪惡感的人，他們所關注的其實是「犯了錯的自己」。當他們覺得歉疚，認為自己犯了天大的錯誤，是一個惡劣的人，接著會不斷思索該如何擺脫這股罪惡感。但這與為了他人的安寧和眾人的幸福為出發點的想法，仍然有一段差距。

• 憤怒

憤怒的目的，則是藉由威嚇他人以獲得利益。因此，可以將生氣視為以權力操縱對方，表現出支配欲等需求的行為。這是為了能在令人尷尬為難的情況下，**藉著「發怒」來重新獲得認可或找回自身的權威**，也就是克服自卑感與滿足認可需求的表現。

• 委屈與怨懟

我們在受到無視或侮蔑時，經常會感到委屈，這是表現「請尊重我」或「我很委屈，請給我平等權利」的行動。當我們希望得到對方的接納或理解時，**期待對方改變的強烈需求，正是「委屈」這種情緒的根本**。委屈也會以怨懟的型態表現出來。

「我不會就這麼算了。」
「我一定會和你算帳。」
「我也值得受到善待。」
「這不是我的錯。」

對於他人的埋怨與憤怒，也會在我們內心積累成怨恨。也就是說，對他人生氣的同時，自己的身心一樣會受傷。那麼，有誰能安慰深深受傷的我呢？如果對方向我道歉的話，那股怨懟就能消退嗎？

憤怒會招致更多憤怒，不僅會傷害自己的健康，甚至會殃及周遭的人。因此，需要和生氣的自己和解，原諒因無法寬恕他人而發火、導致身心跟著受傷的自己。這件事只有自己能做得到。首先，請專注在能為自己所做的事情上，對怒氣攻心的自己說些安慰的話，讓憤怒與自己保持一段距離，使怒火不至於撲向自己。只要像這樣釐清了情緒背後的目的，我們就能控管自己的情緒。

想法會改變情緒，情緒將改變局面

請試著觀察你的身體哪個部位會對情緒產生反應。而情緒會帶給身體的反應，包括：脈搏加速、心臟狂跳、呼吸頻率改變。對你來說，哪種感覺最鮮明呢？在什麼時候會感受到？

我們之所以會表現出情緒，是由於人傾向於以負面角度來詮釋無意識的過往經驗。正因如此，必須學習從當下的觀點來看待情緒。當因為做錯事而產生罪惡感時，請告訴自己，無論如何，**過去是無法改變的，現在能做的是承認錯誤並且反省，為了改進而持續努力**。

但也請記得，不需壓抑這股情緒。你可以先發洩，再開始釐清引爆情緒的原因。此時，情緒應該已經緩和下來了，無論是決定繼續生氣，或是不再生氣，都是一種情緒自我管理的方法，將有助於改善你與對方的關係。

如果你在年幼時有過感到憤怒的經驗，可能當時表達憤怒的聲音相當微弱，不妨假設如果是現在的自己感受到那股憤怒會如何反應？並嘗試帶著怒火大吼，同時以手機錄下聲音。將上述過程反覆執行三個星期，你將會察覺到表達憤怒的聲音，現在已變得相當平靜。

接著，為現在的情緒命名。持續意識到自身的情緒並觀察情緒背後的目的，將能夠幫助我們轉化情緒。當發生某種負面經驗時，請試著訓練自己辨識這股情緒產生的原因為何，並透過文字表達感受。

例如，因為聽見朋友批評自己的熟人，心情變得低落，可以試著這樣寫下來：

「因為熙瑛說了一些看不起我男友職業的話，我不想再和她見面了。」

然後再從另一個角度來感受正面經驗的情緒：

「昨天在公司被主管責罵，讓我很不好受。不過，男友的安慰和鼓勵給了我支持，心情很快就好轉了。」

請訓練自己能同時感受正面及負面的情緒。體驗美好經驗帶來的情緒與不好經驗帶來的情緒，並不斷改變兩者的順序，漸漸地，你將領悟到情緒會隨著想法而產生變化。雖然在某個瞬間你可能會感受到負面情緒，不過只要一轉念，情緒也會隨之轉變。情緒只是人為了達成與實現特定目的所使用的工具，一旦你能看明情緒背後的意圖，即可擺脫令自己陷入痛苦的狀態。

負面情緒提醒自己「發生了一些問題」。
請先試著理解情緒的目的，
再開始反應。
好好表達情緒，
是讓我們活得更好的方法。

06

所有情緒都是相對的

心靈也有道路。正如同我們必須仔細看地圖才能找到路一樣，如果想掌管心靈，得先將自己的內心看仔細。

「假如追求安定、企圖掌握權力的傾向過於強烈，勇氣將變成魯莽，順從將變成卑微，親切則可能成為掌控的微妙計謀。所有的情緒，皆會隨著所處環境的最終目的而持續改變它的樣貌。」

情緒會說明我們是哪種人，它扮演著顯示「我是否感到滿足」等狀態的氣壓計角色。舉例來說，當社會狀態與自己內心之中「本該如此」或「至少必須這麼活」的想法相符時，便感到快樂。情緒，會證明我們是對的。

當內心産生情緒時，都帶有某種目的。負面情緒是提醒自己「發生了一些問題」的警示燈。也因為我們會受情緒影響而採取行動，所以請先理解情緒的目的之後，再開始反應。

有時，情緒的意圖不會那麼直接展現出來，或是正面的意圖也可能透過負面情緒表達，**這是因為我們從養育者那裡學到了扭曲的情緒表達方式**。比如說，父母拿著棍子要處罰孩子，嘴上卻說著「這麼做是因為我們愛你」，子女會有什麼感受呢？他們會認為父母並非愛自己，而是在懲罰自己，於是心懷怨恨（憤怒），甚至也因此學到可以利用憤怒與悲傷作為控制他人的手段。

因此從父母開始，就該學習如何以正面的方式表達正面情緒、以負面的方式表達負面情緒。那麼，我們又該如何處理情緒？並藉由管理那些驅動我們行動的情緒，以及應對憤怒這類強大能量的方法來探索自我呢？

成熟地表達情緒的方法

以下是幾種常見情緒，請觀察在其背後表現出了何種目的。

① 面對情緒

首先，必須真實面對內心的憤怒，並仔細審視引發憤怒的原因，也就是觀察憤怒是為了達到什麼目的而出現。怒氣有可能是因為得不到肯定而覺得羞恥，為了表達「請認可我」而產生；也有可能是因為受到歧視，而透過委屈的情緒顯現。此時的目的是為了說出「請不要歧視我」。

面對憤怒的情緒，有時等於是面對令人懼怕、或正壓迫著自己的對象，因此不是件容易的任務。但若因恐懼而持續壓抑憤怒，這股情緒就會在內心造成不安，影響我們的精神健康。

② 把情緒和自我分離

能直視自己的憤怒之後，就進入了將憤怒送走的階段，也就是把自我和情緒分離開來。請試著按照下列方法進行，想像將憤怒的情緒具象化，自己站在河邊準備送走它的畫面。

「我從樹上摘下一片葉子，把委屈都放到那片葉子上。我將委屈轉移到了葉片上，接著我走到河邊放下葉子，讓它漂在水面。葉子隨著河流漂走了。而我站在岸上，看著漸漸漂離的葉子，委屈也隨之遠去。」

請將上述句子唸出聲，用手機錄下來，閉上眼睛聽著錄下的句子，利用視覺和聽覺將「憤怒」具體化，向外抒發，同時把情緒和自我分離。原本重壓在心上的情緒彷彿是自己的全部，卻在情緒與自我分離的瞬間，就不再這麼認為了。

③ 改變對情緒的認知

除了分離情緒的方法之外，發展出重新分析引發情緒因素的「問答式思考」，也是一種掌控情緒的方式。如果對那些惹自己生氣的對象改變看法，情緒也會隨之改變。請從各種不同角度思考，並觀察自己情緒的變化。你可以運用以下範例，練習讓情緒隨著想法轉變。

・時間
1月6日 下午2點
・情況
我向同事報告了計劃書的初稿，但同事反應很冷淡，組長過了一會兒後告訴我需要修正的內容。
・我的想法
因為草稿內容空泛，所以他們才沒有給予任何反饋吧。這是我的錯。組長也只說了需要修改的部分而已。
↓情緒（1～10分）：羞恥／焦慮（9分）

我們從小就會依照慣性思考，也可稱之為具有強烈的「路徑依賴」。如果習慣以偏頗的角度看待某個人，便總會只看見對方不好的一面。

不過若依照範例介紹的方法，拋棄原有的慣性，練習從其他角度思考，將能訓練自己矯正思考模式。這是在進行心理治療時經常會採用的方法，稱之為「認知行為治療」。我們的情緒總是會隨著想法而改變，那是因為內心有著各種情感，根據不同的狀況、不同的認知，情緒也會不同。對於因負面情緒而陷入困境的人來說，這會是特別有幫助的訓練。

④ 釐清生氣的原因，透過生氣抒發情感

辨識出內心噪動的情緒，並找出情緒產生的原因。首先，必須清空內心的情感。找一個安靜的地方坐下，獨自放聲大喊，把內心想對對方說的話大聲說出，藉此也將情緒由內往外釋放出來。

如果能擁有四位能夠談論這類話題的朋友是最理想的。請對他們訴說這些瑣碎的不愉快，並接受安慰。此時，別只說明令你生氣的情況，也請試著談論生氣的意義，也就是情緒產生的原因與目的等。

以「我覺得（這樣的情緒），因為（什麼原因）」句型為例，你可以如此表達情緒：「我覺得很生氣，因為主管沒有肯定我用心完成的專案。」

也試著與朋友分享自己關於被肯定、被貶低、或自我價值低落的感受。這不僅僅是訴說自己感受到情緒的經歷，而是在談論這段經驗帶給自己的啟發，並能在敍述的過程中帶來療癒的效果。雖然傷痛本身已經過去，但因傷痛而產生的經歷仍在心中留下創傷，而這止是讓人感到憤怒的原因。

⑤ 直接對引發怒火的當事者生氣

假如做了這些嘗試後，還是無法消氣呢？親自向讓你生氣的對象表達憤怒也是一種方式。心理劇治療的創始人莫雷諾（J. L. Moreno）認為，我們應該向引起情緒的對象直接抒發感受。

你曾聽過「告白攻擊」這個說法嗎？意指，即使明白單戀的對象不會接受自己的感情，單戀者還是忍不住內心澎湃，而向對方告白的行為。對於收到告白的人而言，因為必須拒絕對方而不免感受到心理負擔，於是認為告白的人很自私。不過，告白的人心理上卻落得輕鬆。如果像這樣對引發情緒的對象表達自己的控訴，情緒便可藉此抒發。

在此情境下，可以採取「你與我對話法」，也就是先讀對方的情緒，然後表達自己的情緒。例如，假設媽媽忽然請工作忙碌的我去幫她跑腿，而姐姐正躺著用手機看YouTube影片，媽媽卻總是要求比較好使喚的我做事，就算令人感到厭煩，但我還是忍下來了。當我停下手邊工作，完成了媽媽交代的事情，但此時的我感到自己不被尊重，不明白為什麼媽媽不叫其他兄弟姐妹做事，因此覺得委屈。此時，可以依照下方的「你與我對話法」向媽媽表達心聲。

「媽媽，你在煮飯的時候突然發現少了食材應該很慌張（你的情緒）吧！但是我正在工作，你卻只叫我去跑腿，這也讓我感到不知所措（我的情緒）。」

想要說出這段話，可能會比你預期的還要花更多時間。先用手機錄下來，也是不錯的方法。請練習如何透過對話向他人表達自己的想法，只要經常練習，以後看見對方就能說得出口。

生活中難免會感受到各式各樣的情緒，尤其是悲傷、恐懼、羞恥、委屈、焦慮等，經常淹沒我們的內心。請別讓這些情緒壓垮自己、左右自己。情緒反映的是我們克服自卑感的需求。希望你能在感受到情緒時，以適當的方式表達，讓內心從此變得輕鬆，而不再受到情緒的支配。

Chapter 2

內心的焦慮從何而來？

阿德勒的記憶儲存庫

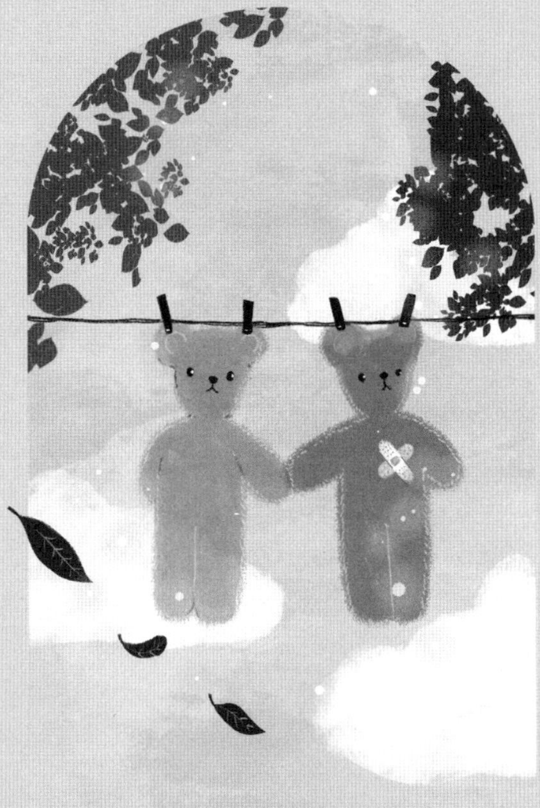

07 記憶絕非偶然

回顧記憶，
不僅能回首過去，
同時也可展望未來。

「表達心理狀況的好壞時，能透露出最多訊息的就是個人記憶。記憶會使我們想起自己的極限、情感與所處環境的意義。記憶代表著我的人生，也是一段反覆出現的故事。記憶透過過往經驗提醒我、幫助我做足準備，讓我能夠以可靠的應對方式來面對未來挑戰。」

你曾聽說過在韓國出生的長女，也就是所謂的「K-長女」有哪些特徵嗎？

「大多數都會習慣性讓步。」

「無論做任何事通常會全力以赴。」

「渴望得到媽媽的理解。」

據說，「K-長女」之間甚至擁有辨認出彼此的雷達。是什麼樣的原因讓「K-長女」發展為一種代名詞，並獲得許多人的共鳴？極高機率是因為這些長女們早期經歷過的記憶所導致。

身為第一個孩子最深刻的早期記憶，往往是老二誕生的時刻。老大在這天來到醫院探望幾天不見的母親和新生的手足，因見到母親而開心地想擁抱她，但母親的懷中卻抱著嬰兒。

這是長子、長女最常提到的早期記憶，並表示這段記憶會令他們感到恐懼，擔心母親就此不再愛自己。為避免被母親拋下，因此會竭盡所能地展現出比弟妹更好的一面，即使獨自一人也要把事情做好。為了成為父母認同的「弟妹的榜樣」，他們也很擅長讓步。

當弟妹出生後，由於長女認為自己在母親心中的優先順位下降，進而產生「他們拒絕了我」的想法，如果這成為了她今後人生的核心信念根源，隨之而來的便是「這個世界既孤獨又冷漠，所以我必須更加努力」的想法。

真相的影響力比不過個人的解讀

早期記憶足以形塑一個人的性格與人生目標，意義相當重大。早期記憶是由八歲以前的經歷所構成，是我們能自行解讀並組織成故事的記憶。成人在回顧特定記憶時，內心如何解讀將受到早期記憶的影響，並將左右一個人的成長、發展與人生觀。因此，若想瞭解某人的生活方式，首先得從早期記憶著手。

回想早期記憶時，可以發現形塑當前人生的各種原因，除了幫助我們認識自己，也能藉此得知一個人重視的價值與意義是什麼，例如：性格、關係、情緒、防禦機制、自我保護、職涯、優勢，以及對自身、他人的人生觀與道德觀等。阿德勒如此假設：**「人們會自動整理出能強化人生觀的事件，並將其融合成自己的早期記憶。」**

記憶有可能與當時的客觀或實際情況不同，不一定是正確的。但重要的是，個人如何解讀這些記憶與如何賦予其意義。以受害者自居的人，會回想起自己遭受歧視、藐視、批判與指責，以及對他人信任瓦解的過去，並在此過程中，進一步強化「自己是受害者、他人是加害者」的想法，認為自己的人生既不公平又毫無價值。

接著，讓我們來看看以下這段話。

爸爸、媽媽帶我和弟弟去遊樂園玩，並且幫我們拍了照片。但是輪到弟弟拍照時，媽媽不但替他整理服裝和頭髮，還對弟弟說「拍照的時候笑一下」，也交代爸爸要好好拍照。然而，他們幫我拍照時，媽媽卻沒替我整理服裝儀容，也沒特別叮嚀爸爸好好拍照。

當事人想透過這段記憶，表達「媽媽偏愛弟弟」，以及「爸爸雖然為我們拍照，但是並沒有特別關心我或弟弟」。換句話說，就是「媽媽對待弟弟更用心，也比較愛弟弟。我感到既委屈又傷心」。

對她而言，關於遊樂園的記憶帶有羨慕、忌妒、委屈等情緒，於是將壓抑的心情投射在弟弟身上——透過對弟弟發火、大吼等方式發洩。然而，媽媽卻生氣地指責身為姊姊的她欺負弟弟，同時更加維護弟弟。

一邊訴說著自己的痛苦，一邊闡述著與母親之間的關係。透過回憶的過程，藉由看清自己對待弟弟的方式，而深入理解那些在自己生命中的重要課題。她經常感受到的情緒包括委屈、痛苦和悲傷，由於始終抱持著「我很委屈」的想法，便會不自覺地時常面臨類似的情境。這段童年記憶甚至延續到成年，造成她在人際關係中總是帶有委屈感的行為模式。

我的地位並非取決於我

早期記憶有助於認識自己的各種面貌。最典型的包含最常感受到的沉重情緒，例如：悲傷、委屈、羞恥心等，皆源自於此。此外，早期記憶也會影響人際往來的模式、人格特質或職涯發展等層面，左右著我們內心堅信並恪守的真理或法則的形成。

某些性格、價值觀或熟悉的情感，是從幼年的早期記憶發展而成。假如你是長女或長男，大概從小就對「必須要有責任感」這條行動綱領十分熟悉，因為父母認為

「老大」應該是弟妹們的榜樣。

也許父母要求你向弟妹讓步的場景還深植在你的早期記憶中，也可能曾因弟妹犯錯而受到連坐懲罰，父母甚至以「應該要照顧好弟弟妹妹」為由責怪你。因為這股必須滿足父母期待的壓力，讓你對犯錯總是感到異常恐懼。

請對自己說：「**這樣就可以了，你已經盡力了。**」接納並安慰自己，這是對自己的鼓勵，再也不需要因父母造成的早期記憶而感到痛苦。

身為父母，你會送給自己的孩子什麼樣的早期記憶？請讓他逃脫「長女、長男」的窠臼，即便身為長子或長女，也不過只是個孩子。當老大犯錯時，請別認為「因為你是老大，所以必須做得很好」而給予沉重的壓力，請將你曾經渴望聽見的話告訴他：

「犯錯並不等於失敗。」

如此一來，長子、長女才能成長為能從容不迫面對一切的人。

08

家庭結構對個性的深刻影響

瞭解兄弟姊妹，正是瞭解自己的跳板。

「想瞭解一個人的性格，必須從整體的脈絡來判斷。從嬰兒時期、幼兒時期到成年期，盤旋在心頭上的印象，將會影響一個人面對人生的態度。」

侑鎮是家中老么，上有三位哥哥。年紀差距最小的哥哥大他一歲，卻比其他哥哥更令人感到害怕，也不會陪侑鎮玩。侑鎮總是跟著最小的哥哥到處走，但哥哥會突然

在半路跑掉，並大聲地命令侑鎮去別的地方玩，侑鎮很討厭這樣的哥哥。每逢傳統節日，他就會坐到爺爺腿上，讓平時氣焰高張的哥哥向自己行大禮。

為何老大總是習慣犧牲讓步，而老么較開朗討喜？

多數情況下，老二的誕生對老大而言，會明顯感覺威脅到自身在家中的地位。阿德勒將此現象稱之為「退位」——也就是比喻為王子的地位遭到剝奪。

在手足中間的老二為了鞏固自我，較具有競爭意識、擅於社交，慣於看人臉色。也許會為了守住地位而不擇手段，以良性競爭者的身分與對方一決高下。因此，經常肯定和接納自己是相當重要的。老二的勝負欲強主要是為了求生存，畢竟，願意為了生存而努力是非常寶貴的。

老三（老么）從誕生的瞬間起，就感到自卑。所有人看起來都比我更有力量、更強大，所以弱勢的老么會與家中強勢的人結盟。傳統節日時，老么會坐到爺爺腿上，一起接受爸爸和其他家人的祝賀，越是弱小的人，權力欲就越強烈。有研究指出，老么在長大成人後，會成為組織中握有權力的人，或是在掌權者底下使用權力的人。由此可見，人類對權力有著極大的需求。

儘管所有狀況不能一概而論，不過，長子較傾向於掌控年幼的手足，而老么則較愛撒嬌、擔任討人歡心的角色，是很常見的。這是因為在多數家庭裡，兄弟姊妹的出生順序會導致彼此之間產生不同的相互關係。

但也不能因此斷定出生順序是形塑一個人性格的唯一因素，因為假如父母生下老大與老二時的經濟、健康狀況等條件不同，也會帶來巨大的影響。再者，父母在老大與老二出生時，所抱持的心態和期待也不盡相同，孩子的性格也會隨著家庭整體氛圍、夫妻關係、競爭結構，以及手足間的關係好壞而改變。

社會、文化因素與出生順序的相互作用，會產生加成效應，帶來全面性的影響。由於傳統父權社會重男輕女的思想，即便第一個孩子是女性、第二個孩子是男性，身為男性的次子在精神層面上，仍會擔任領導家族的長子角色。這就是當傳統社會中以男性為主的價值觀，影響子女順位的結果。正因如此，在身為長女的女兒和身為弟弟的長子之間，難免產生隱性忌妒等情況，老大與老二間的競爭也因此變得更加激烈。

性格又會如何因性別而產生變化呢？阿德勒以身為第一個孩子的女性來舉例。排行老大的女性，她們的性格會朝著兩種不同的方向發展。首先是「傳統女性」性格。她們順從家庭，完全承擔起打理家務的責任，有極大機率會成長為傳統、端莊的賢妻良母。反之，則有可能成長為傾向與男性競爭，個性倔強的女性。然而，此時的性格除了受到她與家庭成員關係的影響之外，還會受到外界因素的干擾，因此，出生順序並不一定是決定性的因素。

關於人生中的第一位對手

阿德勒特別強調，出生順序、手足關係，對一個人的性格建構有著深刻的影響。但此說法也經常遭到誤解。許多人以為孩子只是「有可能」會因為出生順序的不同，而經歷某些特定的經驗。這是因為阿德勒不曾舉出明確可靠的論點，來支持與說明這項主張的緣故。

手足之間的年齡差距與性別差異，是決定家庭結構的關鍵因素。所謂的家庭結構，可以定義為「幼年時期對各家庭成員在家中所扮演角色的記憶」。例如，家庭成員之間誰和誰更親近、誰和誰容易爭執、誰會模仿誰，或者誰會反抗誰等，這些家庭互動的樣貌都左右著個體性格的形成。因此，若想瞭解一個成人的性格與人生目標，第一步便是理解他記憶中的家庭結構。

阿德勒主張，子女會依照出生順序各自發展出不同的性格。雖然無法百分百切中實際情況，但一般而言，家中的長子長女掌控弟弟妹妹的傾向較為顯著，而老么也確實比較愛撒嬌。

家庭這個團體是十分活絡的單位。一名子女的誕生，與一位新會員加入組織的意義相同。當新人物登場，新的關係也就此形成。此時，舊有的成員與新加入的成員，會以各自的方式展現自己在團體中的存在。

尤其在家庭成員眾多的情況下，如果個體自覺難以在家中佔有一席之地，便會往相對於其他成員較有競爭力的領域發展，以強調自己的存在感。

比如說，老大如願進入父母期望的大學就讀，獲得學業上的成功，那麼，老二通常會在運動或藝術等方面嶄露頭角，企圖取得與老大不同的競爭優勢。若一個人在特定領域中佔了優勢，其他人便會試圖朝不同的方向前進，只要競爭對手暴露出弱點，他人就有機會贏得先機。類似這樣在組織內互相競爭，也將改變雙方的性格、偏好、興趣與能力。德瑞克斯*也曾對此提出如下見解：

「每個家庭成員都會努力確立和鞏固自身在這個團體中的位置與地位，他們將會認真觀察並掌握競爭對手的失敗與成功。」

不妨試著觀察看看，自己與兄弟姊妹間的關係有著什麼樣的意義？對你而言，手足如何影響你的性格發展和與他人的相處方式？對兄弟姊妹的嫉妒心，現在正朝著誰發洩呢？

阿德勒認為，除了個體與父母的關係外，個體與兄弟姊妹間的關係也會在一生中持續影響性格的形成。例如，長子在家庭中雖然享有最多的特權，卻也承受了極大的壓力。父母希望長子成為家中棟梁的期待，同時也侷限並制約了他的行為。

*：魯道夫・德瑞克斯（Rudolf Dreikurs）。奧地利的精神科醫師與教育家。

競爭意識、嫉妒心、怨恨、憎惡。
手足之愛、信賴、鼓勵、友情。
兄弟姊妹是和我一起
感受所有原始情緒的第一位對手。

09

記憶，是「我」的人生故事

理解記憶的話，就能理解自己。
沒有記憶的話，
將無法為未來而準備。

「任何記憶都不是偶然存在的，腦海中經常浮現的記憶或夢境，都在訴說你當下的故事。」

若觀察自己是如何詮釋過去記憶，將能更瞭解自己，像是對自我的認知、對他人與人生的觀點等。此時，必須將回顧的重點放在八歲以前所經歷的早期記憶。回想八歲前的記憶，可以發現其中蘊藏了人生的重要課題，包括：當前的情感、特別敏銳的感受、令自己感到安全且有意義的場所、建立關係的方式、性格特質、社會化程度、心理健康以及職涯方向等。

在幼年時期，特別是五歲左右，正是形塑一個人的性格或生活模式的重要關鍵。當時的記憶成為自我認同的根基，同時也是引導自己探索「我」這個存在代表什麼意義的指南針。

也就是說，我們透過記憶來解釋過去，而現在所呈現的自我也受到過去的影響。對於未來，則以一種自我預言的方式思考「將來會如何」。我們不斷從過去與現在經歷過的關鍵成敗、危機時刻、帶來安全感的地點等，尋找「自我」的意義。同時渴望在當下的生活中獲得更多的掌控力，使生活變得更安全、更穩定。

關鍵在於記憶賦予當下的意義

自一八〇〇年代中期起，大學開始以學生為對象，研究八歲前後的記憶對個人生活有著什麼樣的影響，以及人是如何產生核心理念的。阿德勒也參與了這項研究計畫，且於一九一二年在精神分析學會上，以「個體的性格功能、人類發展與記憶工作的關聯性」為主題進行發表。他主張透過夢與回顧過去，人在性格上的特性將得以展現。此後，阿德勒就前往美國，與他的同事魯道夫．德瑞克斯，共同發表了關於記憶如何反映於現實、性格與生活方式的臨床實驗結果。

根據研究結果指出，童年有過創傷的人，會受到各種強迫性思考與行為所苦。彷彿那些痛苦的記憶，現在依舊不斷發生，讓他們再次受傷。以這項結果為基礎，創傷治療的關鍵與核心就在於處理過去的經驗，也就是記憶。阿德勒活用記憶掌握個人的各種資訊，並以此為根本，準備好讓人性成長的框架。

哪些經驗重要、哪些經驗不重要，終究要視個人如何看待和理解該事件而定。而如此形成的性格或生活模式，都是源自於早期所累積的各種經驗。

特別是生活模式，它指的是人在面對某種情境時，選擇的最熟悉且最有利於生存的應對方式。一旦這種生活模式建立，通常很難改變。因為環境不會劇變，往來的人也不容易改變。由於人並不會大幅改動當前生活的目標與理念，所以有很大機率會選擇能符合其目標與理念的朋友與作法。

「現在的記憶」指的是僅與現在有關的內容，而表達這段記憶所蘊含的意義就是「解讀」。「記憶的解讀」是描述與自身生活相關的事。隨著個人成長，與記憶有關的核心主題和情感，可能會逐漸強化，也可能淡化。

舉例來說，假設在「我很弱小，所以必須接受別人的幫助」這段八歲時的記憶中，隱藏著個體對於自身的核心理念。這說明了個體在成長過程中，自身弱點的形成與他人的幫助有著緊密的關聯。

記憶究竟是正面或負面並不重要，真正重要的是這段記憶對現在的你具有什麼樣的意義。**正面記憶，表現出的是人在當下渴望和想維持的樣貌；負面記憶，則是顯露出目前想要解決的需求。**

創傷、負面經驗與記憶，並非只會對現在造成不好的影響。在回想童年記憶時，能察覺到時常絆倒自己的障礙物為何，以及自己擁有哪些優勢與正面資源。儘管從負面記憶中似乎很難找到正向的幫助，但在不斷克服這些負面記憶中的情境與事件的過程，將會發掘自己發展出的獨特祕訣和特有優勢。

根據一項臨床研究結果指出，即使內心留下了極度痛苦的創傷，在這些受創的人當中，其實僅有不到35%的人產生了創傷後壓力症候群（PTSD）。換句話說，也就是有65%的人在經歷創傷事件後，同時提高了承受痛苦的能力。

記憶裡含有人生的養分

在鄉下長大的書延非常喜愛刺槐花。他和朋友為了摘刺槐花，以矮小的身軀爬上樹，結果手才搆到一半就摔落在地。雖然屁股很痛，但書延總是「這沒什麼」拍了拍屁股後，假裝什麼事都沒發生過。接著，他會對朋友說：「今天玩夠了。」便朝其他方向走去。

為什麼書延即使覺得疼痛，也不願說出口呢？因為他認為喊痛很沒有面子，與他人相比，自己立刻就成了弱者。因為自身的不足而出糗，自然不希望暴露這個弱點。書延說，父母在他小時候就沒空細心照料他，每當他受傷或遇到不好的事情時，只會擔憂地說：「怎麼那麼不小心？」也許正因如此，「不能暴露自己是弱者」的想法深植於他的內心。

對年幼的書延來說，為了摘刺槐花而不慎從樹上摔落的事件，說不定是形成他看待自我失敗的主因，所以他無法輕易向別人請求幫助，只好裝作一副不在意的樣子，並轉移話題。

負面記憶不見得能轉化為積極正面的作用，因為內心留下創傷後，也可能從此痛苦不堪。**無論是正面或負面記憶，重要的是童年時的所有記憶匯集在一起，才打造出今日更堅強的自己。**

負面的記憶裡，存在著引領我們前進的情緒與朝向正面發展的資源。情緒並不是在我們出生的那刻起，就由基因決定了一切。在人的一生中，總會經歷過無數次的反覆試驗，進而產生個人獨有的原動力。

當我們將焦點放在負面，並不斷試圖改善及解決，往往會在找不到解決辦法時感到無力、挫折與失敗。然而，換個角度思考，我們不也因此發展出更加主動和獨立的一面嗎？旁人或許會說：「沒關係，面對困難時不依賴他人，總會找到解決方案的。」也會讓我們產生「自己惹出來的事自己承擔」的責任感。如同硬幣一樣，凡事都有兩面。

請銘記，負面的記憶與經驗背後，也有屬於自己特有的正面資源。**如果能在克服並熬過負面經驗的同時，關注其中積極的一面，那麼，不僅負面的部分會逐漸改善，正面的部分也會變得更好，**這一切都將成為你我成長的養分。

10

每個人都背負著缺陷活下去

雖然幼年時期的經驗，
塑造了現在的我。
但現在，我不需要活得像過去一樣。

「人經常為了活下去，而感覺過去的創傷彷彿是現在進行式。」

阿德勒從小身上就有許多外傷。四歲時，目睹了出生僅六個月的弟弟，和自己躺在同一張床上死去的樣子，並受到白喉、肺炎、佝僂病等疾病纏身，也曾經在睡夢中失去意識。曾兩度因嚴重意外而差點失去性命的阿德勒，無時無刻都感受著對死亡的

恐懼。他的人生，可說是充滿了接二連三的創傷。

阿德勒心理學與其說是關於「個體遭遇的問題是什麼？」的學說，不如說它更關注個體在經歷創傷事件時，所同時強化的情感和正面資源，並聚焦於以下六點：

「發生了什麼事？」

「力量是如何形成的？」

「這件事帶來什麼影響或成為怎樣的威脅因子？」

「這件事該如何理解？」

「這代表什麼意義？」

「為了生存，我正在做什麼事？」

為何總是回想起令人害怕的記憶？

創傷（外傷）是人在一生中無法避免的。創傷主要分為兩種：一種是因戰爭、恐怖行動、車禍等事件引起的單一創傷；另一種則是以複雜形式出現的多重創傷。假如在幼、兒童時期遭受放任、虐待、長期暴力、父母離婚等狀況，這些傷害將在成長過程中，與其他傷痛對個體同時形成長期且複雜性的創傷。

多數受過這類創傷的人，會產生創傷後壓力症候群。這是指遭遇極端創傷事件後，所發生的生理或心理狀況，也就是在經歷創傷事件或是與之類似的經驗當下，出現了逃避或情緒鈍化*、過度警覺等症狀。若遭受的是多重創傷，則會產生複雜性創傷後壓力症候群，這種症狀對人際關係與日常生活功能的影響甚鉅。

有時候，我們甚至在不知道自己正經歷創傷的情況下繼續生活。創傷雖然會因為戰爭、車禍、暴力或性騷擾等極端事件引起，但也可能經由既平凡又微不足道的小事所誘發。

兒童時期受過創傷的人，尤其容易產生「認為自己是沒有價值的人」的負面思考。他們會想起那些引發創傷的過程，但為了逃避羞恥、恐懼、罪惡感等負面情緒，並不會記得其中的細節或具體的記憶。

在兒童時期，令人感到精神上或生理上無力的創傷事件非常常見。舉例來說，假設一位七歲的孩子，因為和弟弟吵架而被父親打得滿身瘀青。父親要求他反省並命令他回房間。這讓孩子感到極度恐懼，彷彿房間裡只剩下他自己孤零零一人。此後，只要他在精神緊繃的狀態下進入房間，就會開始冒汗、感到胸悶。對這個孩子而言，房間已成為他無意識中「獨自被遺棄的地方」、「被冷落的地方」等象徵。等於是從心理層面再次經歷小時候的事件。

＊：所謂的情緒鈍化，是指人對外在變化產生的情緒反應減弱，生活好像被絕緣體包圍一樣，變得麻木。

假如父母經常爭吵，子女也會經歷嚴重的心理創傷。每當父母吵架，他們可能會歸咎於自己，尤其是當父母為了教養方式的差異而起爭執時，子女更會感到自責與害怕。夫妻間發生口角，可能會出現關於分手的對話，也許問孩子「你要跟誰走」，孩子會明顯感受到自己即將遭到遺棄的恐懼。

父母間如果爭吵頻繁，子女長大後也更容易感到焦慮。臨床研究報告指出，當他們聽到大聲吼叫時，聽覺會出現異常反應，並直覺地想迴避人際衝突，因為害怕遭到排擠。

對於在父母經常衝突的家庭中成長的孩子來說，長大後擁有權力變得非常重要。這些人常感到無助，因此會依賴那些擁有權勢的人。此外，他們很難拒絕與自己有關係的人，待人過於親切，也可能透過掌控他人來紓解內心的不安。

如果在幼兒或兒童時期曾因為父母而受到創傷，孩子在心理和精神層面，不論是個人價值感、歸屬感、自我認同感和人際關係的正向感受等，都會受到損害。於是他們不斷地反覆經歷慢性焦慮、彷彿會遭全世界拋下的恐懼、失落感、羞恥與孤獨等情緒。童年時的創傷經驗，極可能成為將來產生憂鬱、焦慮等情緒的根源，甚至可能延續為酒精中毒、毒品成癮等難以控制的狀況。

遭遇創傷後，個體因感到不安全或受到威脅，所以將自己從現實中抽離、切斷聯繫，因而出現喪失短期記憶的現象，甚至會做出異於平時的舉動，或表現出不符合實際年齡的退化行為。個體對於自身原始模樣的認同，也會產生變化。可能忽然間變得呆滯、因無法言喻的恐懼而語無倫次，或呈現出在痛苦與憤怒等情緒間激烈起伏的模樣，這都是人們在遭受劇烈創傷的情況下，為了努力活下去所採取的生存策略。

童年時期發生的創傷屬於慢性創傷。**我們的身體會將過往經驗中所承受的壓力完整儲存，牢牢記住。**這也意味著，一個孩子若長期遭到虐待，長大成人後很有可能無法過上正常的生活。

根據神經科學家安東尼奧·達馬西奧（António Damásio）的研究指出，如果不斷反覆經歷這些激烈的情緒，從肌肉、腸胃、皮膚等部位傳遞到大腦的神經訊號，也就是負責控制基本身體功能的大腦區域，將會發生劇烈的變化。從研究團隊提出的掃描結果來看，個體在回想過去曾引發情緒性影響的事件時，身體會重新經歷與當時一模一樣的感覺。

這是因為即便是過去的事件，個體若持續處於受創的狀態，身心都會受到打擊。即使不是現在發生的事，我們也會彷彿正在遭遇該事件般，感覺又重新經歷了一遍。

心理復原的道路

其實，受過創傷的人生是有可能昇華的。透過兒時的創傷經驗，在幫助他人的過程中，也能治癒自己的傷口，將痛苦轉化為成長的養分。因為你最瞭解自己的傷痛，能夠為有著相同經歷的人提供最大的幫助。不過，前提是自己的傷痕必須先癒合。

實際上，阿德勒為了克服自己的創傷，便決心成為戰勝死亡的頂尖專家，最後也真的不負期待成為了醫師。並提升了親身經歷的創傷經驗，成為心理學的創立者。阿德勒曾說過，他將創傷當作自我成長的原動力。

「任何經驗本身，都不會是成功或失敗的原因。」過往經驗會成為痛苦或成長的養分，取決於我們賦予它何種意義。阿德勒將創傷後壓力症候群，理解為個體為了保護弱勢的自己而採取的戰略。他認為，若和當事者建立正面的連結，幫助他發現新的人生意義，治療就永遠存在希望。所以阿德勒表示，當見到那些經歷創傷並仍為此受苦的人時，讓他們相信未來會變得更好，鼓勵他們一步步熬過困難的日子，是非常重要的。

心理學家哈特曼（Heinz Hartmann）也曾說過類似的話，他表示在我們內心深處擁有「自我治癒原型」，意思是在你我心中存在著生活的力量來源。因為擁有屬於自己的方向和驅使人生繼續向前的恢復力，即使人生旅途不順遂，甚至跌倒，也能找到再次站起來的方法。

為了讓內心受了傷的孩子重拾笑容，
我們必須牽起他的手，陪伴他慢慢往前走。

11

創傷並不存在

若改變記憶，過去也隨之改變；
若改變過去，現在也隨之改變。
若改變現在，未來也隨之改變。

「創傷並不存在。沒有所謂難以解決的衝擊或決定性的事件。我們所認知的創傷經驗，只不過是一種感覺罷了。」

過去的記憶會說明今日的我。因為根據「我」所喚起的回憶，此刻的心情、想法、體感與心理，都會有所不同。人之所以感到痛苦，是因為情緒記憶中充滿了恐懼、苦惱、焦慮、憤怒、挫折、羞恥和失落等感受。這些痛苦的記憶會帶給大腦衝擊，令人因恐懼而全身僵硬、腦袋一片空白。

如果個體在現在經歷相同的經驗時，解讀方式仍與過去相似，這意味著個體的情緒仍會因當時的記憶而受到影響。特別是創傷記憶引發的強烈且令人窒息的情緒，會儲存在大腦的杏仁核中，並進一步影響全身的神經系統和內分泌系統，深深烙印在我們的生理與心理。這些烙印的記憶會讓身體失去韌性，並且變得難以適應變化。換句話說，**我們的過去仍然在支配著現在**。同時，這些記憶也會塑造我們對自己、他人和人生的核心態度、觀點和信念。

記憶不分好與壞

振宇的爸爸喜歡喝酒。每當他喝了酒，就會為家人做飯。問題是爸爸喝了酒後就會變成暴君，甚至對媽媽暴力相向。而爸爸對於酒後變成怪物的自己，也感到很困擾。某日，振宇的爸爸為了煮飯買了臘腸回家。振宇的弟弟一邊沉醉在鍋子上奶油煎烤著臘腸的香味，一邊期待著爸爸的料理。結果爸爸興致一來，便開始喝酒，於是媽媽抱怨「怎麼又喝酒」、「拜託你今天不要喝啊」。就在這時，爸爸將平底鍋朝媽媽扔去，而鍋子上煎得滋滋作響的臘腸飛往四處，爐火也瞬間向周圍蔓延。

這段記憶對振宇肯定造成了創傷，讓他永遠感到焦慮不安，即使在幸福的瞬間，他也認為不幸的事將找上門來。如同從前和家人一起開心做飯時，家裡卻突然失火的事件一樣。

人們的記憶中，有美好的回憶也有不好的記憶。準確地說，把記憶單純分為「不好」或「美好」其實是錯誤的。記憶會伴隨著我們當下回想時感受到的情緒，而變成美好的記憶或不好的記憶。記憶本身，只是發生在過去的事件。

當時事件引發的情緒，很難在現在完全重現，因為當下的環境和狀況已經與過去不同。在特定事件發生後，個體對於該記憶的感受，將會依據解讀這段記憶的方式，產生與過去完全不同的情緒。

跨越傷痛而成長的方法

因為喝了酒就變成暴君的爸爸，而產生了相關創傷的振宇，重新寫下這段記憶。他把「爸爸將平底鍋朝著媽媽扔去，而鍋子上煎得滋滋作響的臘腸飛往四處，爐火也瞬間向周圍蔓延」這部分修正為以下內容。

「爸爸對媽媽說：『別擔心，我只喝一點點！因為心情很好，就喝一杯！』」

振宇將記憶修正為，爸爸透過對話向媽媽說明自身立場，最後並沒釀成火災。他的爸爸已經過世，而媽媽因為年事已高，有許多新的記憶能覆蓋過往的記憶。他將自己期望的父親樣貌，投射在過去的記憶上。

此後，振宇為了避免重蹈父親的覆轍，每當生氣時，會選擇以表達自己情緒的方式來展開對話。就像為過世的爸爸修正對媽媽說過的話一樣，他也透過談話來宣洩情緒，維持與他人的關係。此外，當他感覺自己快要發怒時，便會向太太吐露自己內心的焦慮，並努力維護家庭的和諧。

我們永遠可以從現在的觀點出發，重寫一段記憶。回想過去，會發現那些經歷已成為我們前進的動力，而且所有的記憶都有可能成為寶藏。現在，你只需發掘這些寶藏，並在日常生活中加以運用與發揮。

「所有記憶皆是主觀的。小時候經歷的數百萬個經驗中，人們只會記住那些與自

己人生觀點一致的事。」

這是德瑞克斯曾說過的話。記憶的資訊會隨著身心狀態，持續在指定的記憶中遭到修正，並添加新的記憶，再重新排列，甚至朝新的方向發展。經過一段時間後，只要當下的狀態改變，記憶也會截然不同。

記憶並不會以永恆不變的型態，成為我們內心的痛苦。回顧記憶時，還有可能獲得不同於以往的感受。儘管是痛苦的記憶，也可能逐漸變成美好的回憶。

12

每個人都有自己的立場

這世上不存在能獨活的人，
也不存在能夠獨活的社會。

「我們不應將心理現象視為個人議題，應該從個體與社會之間的關係中去理解。個體性格不能成為道德判斷的依據，必須和社會認知一起進行評價。」

阿德勒認為，人類的行為不僅僅是由圍繞在個體四周的客觀環境所決定。他主張，個體的行為實際上會隨著他如何看待自己所處的環境而改變。個體會根據自己所聽到、所感受到的來理解他人，也就是說，他會透過自身的經驗和主觀信念來解讀一切。因此，僅僅觀察個體本身，是難以全面理解其行為的。

俊豪是個凡事必須掌控所有情況的人，因為他無法信任別人。久而久之，他在公司與上下級之間產生許多衝突，但由於工作成果亮眼，又相當勤奮，沒有人敢說他的不是，只能唯命是從。

俊豪會親自計畫和做出所有決定，雖然在主導專案時不容妥協的個性也有好處，但他也因此漸漸感到負荷過重，「不能犯錯」的焦慮與「必須表現完美」的念頭，讓他感到非常辛苦。他曾數次試著將一部分的工作分派給同事，然而，進度卻因此而延宕，結果不甚理想。最後仍是親自做完所有工作。

改變年幼時的人生觀，將改變一切

我們看待自己與他人的觀點，將會決定如何生存下去的策略。人類是依循「私人邏輯」成長的。認為「這個世界既冷漠又孤寂」的人，容易感到孤獨與疏離，也不易與他人建立親密的關係；認為「我不能當壞人」的人，則具有強烈的善惡分明意識，並表現出高度道德感。這是由於當我們因「有禮貌」而獲得稱讚或得到獎勵時，也會學習到避免做出「不禮貌」的行為。

俊豪的私人邏輯可能是：「我絕對不能信任別人，否則會蒙受損失。」久而久之，終究只能自行承擔所有責任。其實他也可以試著更信任他人，一邊查核對方的工作，一邊給予指導。但他卻持續地選擇並強化了「必須由我執行才對」的想法。

每個人年幼時所處的環境各有差異，導致了人們決定與他人不同的生存策略。大概在六歲左右，會遭遇成長過程中的各種試錯經驗。此時，孩子會以自身行動造成的結果為依據，建立判斷事物好或壞的標準。假如因為不頂嘴、聽父母的話而受到稱讚，他們就會相信「不聽大人的話就是壞孩子」。此外，有些父母會數落不表達想法的孩子：「你怎麼都沒有主見？」那麼，孩子就會認為「堅持自己的主見是一種美德」。

透過這種方式得到人生教訓的孩子，從此不再將自己的信念視為主觀想法，而是當作一種客觀且普遍適用的觀點。亦即，孩子解讀周遭環境的視角，將成為他的人生觀。在遭遇各種新事件時，他不會採取新的對策，而是以既有的觀點為基礎來制定應變策略。此時產生的人生觀，就稱為「私人邏輯」。

許多在幼年時期形成的人生觀（私人邏輯）是狹隘的。個體在小時候憑著僅有的少數經驗，就確立了牢不可破的信念；但**這個時期的經驗，大多數並非基於事實，而是源於有偏誤的見解**。因此，自幼已鞏固下來的偏差世界觀若延續到成年期，個體在建立人際關係時就有可能會產生問題。

例如，堅持己見的人往往會將身邊的人推開。這樣的人從不嘗試理解他人，只會不斷抱怨和表達不滿；因為他總認為自己是受害者，每當遇到困境時，就會將問題的原因歸咎於他人。而突然被冠上「加害者」標籤的對方，在與之相處時也會感到不自在。另外，因惰性且習慣仰賴他人的人，也可能因為推諉責任而遭到批評。

如果個體在應對挑戰時總是依循「私人邏輯」，就很可能無法選擇最佳的解決方案，以防止類似問題持續發生。而且，基於「私人邏輯」的解決方式，往往也只是人們的第一反應，缺乏深思熟慮與長遠考量。

獨行走得快，結伴走得遠

經營公司的寶藍，對於把工作交付給其他人容易感到不安。因為信不過別人，所以他必須親自解決眼前的問題才能放心。但忙於解決問題的他，卻經常因此而無法做好其他真正重要的事。

獨自攬下所有工作，是最沒有效率的做法。但為何寶藍仍想一個人做完所有的工作呢？也許是因為在指導別人做事後，他很難耐著性子等對方慢慢做到與自己一樣優秀的成果；也可能是他沒有精力教導別人；又或者是他對別人充滿了不信任。

如果最後仍決定獨自承擔一切，損失的，終究是自己的利益。試想，假如一間可容納百人的大型餐廳，是由老闆同時負責烹調與上菜，全部由他一手包辦的話，餐廳將無法服務所有客人，更難以長久經營下去。

由於每個人的「私人邏輯」都不相同，所以會需要經歷一段理解他人的「私人邏輯」的過程。我們也能將之視為同理他人的過程。無論喜歡與否，這都是群體生活中不可或缺的一環。作為與他人共生的一員，為了維持良好的關係，必須為此付出努力。**在堅持個人想法的同時，也需要不斷檢視自己的觀點是否符合普遍認知、是否恰當，**

並嘗試理解他人。

事實上，人的情緒常會受到他人左右。在面對「你最快樂的瞬間是什麼時候？」的提問時，總會聽到各式各樣的答案，包括：「當努力獲得成果時」、「當受到肯定時」、「與朋友一起旅行時」、「和朋友享受美食時」等等。所有回答的共通點都是**「當我和他人的關係是正向的時候」**。如果有人說愉快的瞬間是源自於人際關係，那麼，痛苦與困難亦然。因此，我們有必要協調自己的「私人邏輯」與他人的「私人邏輯」，讓彼此的關係更加諧和。

我們自幼便開始從家庭、學校，以及與朋友的關係中，透過團體生活的經驗，汲取到知識與智慧，並在這過程中建立「普遍性」的判斷基準。

如果我們對自己的行為感到自責，通常是因為該行為違背了普遍基準。例如，當你覺得自己「吃太多」或「花太多錢」時，這種「太多」是基於什麼標準得出的結論？答案來自「社會中被普遍接受的基準」。然而，儘管我們依循普遍性基準來進行思考，最終的判斷仍會受到「私人邏輯」的影響而有所不同。

個體在幼年時期形成的世界觀，成為他們用以區別自己與他人的特質，也就是個性。阿德勒將這種特質稱為「創造性自我」。事實上，「私人邏輯」所展現的狹隘性格，往往能化為驅使個體前進的成就動機。然而，像俊豪和寶藍這樣擁有「信不過別人，所以一切都靠自己」的「私人邏輯」，雖然能提升個人能力，卻無法讓他們建立良好且融洽的人際關係。

只要是人類，就屬於群居動物。即便你能承擔起分內的責任，仍須懂得如何鼓起勇氣與他人合作。因為能與他人妥善地協調，才是展現尊重對方的態度，也是讓自己變幸福的方法。

13

他的感受即是他的世界

我們的感知與理解，
取決於我們是怎樣的人。

「為了瞭解對方是怎麼樣的人，必須釐清他是以哪種感覺器官或感覺系統去感受世界的。因為透過感覺器官建立的所有關係，都將對幼年時期形成的世界觀與此後的發展過程產生重大影響。」

這是發生在我七歲時的事。我們全家一起到附近的山上野餐，在那開起了烤肉派對。媽媽也準備了各種蔬菜，有洋蔥、紅蘿蔔、香菇、翠綠的萵苣，讓料理更加豐富；爸爸喜愛爵士樂，所以攜帶了喇叭播放音樂，帶動氣氛；姊姊和我，則因為感受到四周美麗的景致和青草香氣，變得興致高昂。一家人一邊隨著歌曲哼唱，一邊聞著撲鼻的烤肉香，雀躍不已。媽媽將烤熟的肉包入生菜，塞進我的嘴裡。至今，我仍然無法忘記那天嚐到的烤肉滋味。

感覺會成為情緒、成為經驗、成為「我」

以上是我請某位個案試著回憶小時候最幸福的記憶時，所聽到的內容。當我們喚醒某段記憶時，會像這樣，以視覺、聽覺、嗅覺和味覺等各種感官加以描述。在記憶中特別鮮明的感官，我們至今仍經常運用，同時也藉此讓生活更多采多姿，將其作為正向的資源。

事實上，我們每個人都會各自發展出自己特別敏銳的感官。而人們會透過這種感官，以自己的方式去理解世界。在遇上某種狀況時，除了透過認知和情緒的角度進行處理之外，也會透過感官來接收周圍的資訊。

假設A與B兩人曾經歷過火災事故，視覺發達的A，以「現場陷入一片紅色的火海，灰燼和煙霧瀰漫」形容火場景象；而嗅覺發達的B，則表示「燒焦味讓我頭痛到差點要昏倒」。

每個人也會各自以較發達的感官，來獲得心靈上的安定感。根據研究結果顯示，**人會因為自己某項與感官相連的能力特別發達，而選擇妥善運用此能力的職業。**

像A一樣視覺發達的人，有很高的機率能從一張呈現平和景象的照片或圖畫中，獲得內心平靜。他也可能成為對色彩必須具備高敏銳度的平面設計師或畫家。

而像B這樣嗅覺發達的人，則有很高的機率能藉由芳療來享受淨化心靈的過程，他也許會選擇以擁有靈敏嗅覺的廚師為職業。由此可知，生活就像這樣，會隨著聽覺、觸覺、嗅覺、視覺、味覺這五感的發達程度而受到影響。

• 從記憶的角度來看，視覺代表的意義

「看見媽媽抱著弟弟在客廳走來走去的樣子，我覺得很生氣。」

當回憶一段往事時，若以描述畫面的方式表達，那麼，這個人通常是以視覺為主要感官的人。一項研究結果指出，視覺與聽覺通常是最發達的感官。人們透過視覺判斷整體情況後，情緒會隨著對細節的評價而產生。

• 從記憶的角度來看，聽覺代表的意義

「小時候，有一次我沒寫完學校作業就跑出去玩。爸爸扯著嗓子，要我在書桌前寫完所有功課才准吃晚餐。我安靜地寫著作業，而其他家人全都一邊開心笑著，一邊吃著東西。」說起這段記憶的人聽覺很敏銳，他表示記憶中爸爸的吼聲與家人的笑聲特別鮮明。

你也曾經歷過因為沒完成該做的事，只有自己無法和家人一起共度快樂時光的經驗嗎？

對他而言，爸爸的怒吼就如同懲罰或「責怪我、讓我變無助」的負面意義。因為爸爸斥責的聲音，讓他聯想到「控制」。而家人的笑聲，對當時的他來說，則象徵了「限制」，原因是當家人正享受著自由時間，他卻無法擁有這一切。即使到了現在，當他聽見相同的聲音時，便會再次喚醒從前的記憶。聽覺發達的人，就算只是聽見門的聲音或細微的腳步聲等，也會很敏感。

- **從記憶的角度來看，觸覺代表的意義**

觸覺是人類從出生之前就很發達的感官。我們對觸覺的首次體驗，發生在出生時觸碰到母親子宮羊水的那一刻。由於出生後仍透過臍帶與母親相連，因此能持續感受到觸覺。生產後，母親通常會以輕撫等肢體接觸，向尚未具備語言能力的孩子傳達愛意。而孩子也會在父母撫摸自己時感到心安。

觸覺是展現出親密感需求的感官，並與依附有著深度的關聯。假如沒有觸覺，人就難以形成安定的依附，一生中將不斷遭遇心理上的困境。肢體接觸能促進心理上與環境上的安定感。多數人都會透過與柔軟的毛毯、玩偶或寵物的接觸來獲得安定感，觸覺是伴隨人一生不可或缺的需求。

觸覺特別發達的人，平時會偏好直接以手觸摸東西，喜歡柔軟的質感，也喜愛擁抱、接受按摩。

身體的所有感官，就是如此與生活息息相關。此外，也可以觀察到感官不僅影響了自己，同時也影響著我們的人際關係。

轉變記憶與心情的感官活用法

負面的經驗或記憶可能讓感官變得更加敏銳，而這些敏銳的感官如今卻對我產生了正面的作用。如果感官因負面原因而帶來痛苦，只要經常進行能讓自己感受到正向情緒的活動，就能改善這種情況。如此一來，負面記憶的感受也將逐漸變得遲鈍，並逐步轉化為正向的經驗。

建議視覺發達的人穿著色彩鮮艷的衣服，或是經常接觸大自然的色彩。這些人的心情好壞，也會受到顏色或視覺因素左右。如果平時便將喜愛的視覺畫面「保存在身體裡」，就能夠發揮最佳的效果。所謂「保存在身體裡」，指的是能夠自行調節緊張狀態的意思，也就是養成在日常生活中，運用視覺感官產生安定感的習慣。說不定他們早已在日常生活中，活用了許多色彩與視覺的要素。

而聽覺很敏感的人，不妨利用一些對自己有益的正向聲音。喜歡水聲的人，認為水聲有淨化、洗淨的意義。建議用手機錄下一段水聲，並經常播放來聽，也就是透過聆聽水聲，感受洗淨的過程。而這也是把能夠帶給自己安定與寧靜的水聲，保存在身體中的意思。

至於嗅覺靈敏的人，則容易對不好的氣味敏感，因為我們通常會透過嗅覺來辨識對身體有害的有毒氣體、腐敗食物等。不妨多聞聞像是精油這類帶有療癒的香氛，不僅能夠提振精神，也能使人產生安定感。

「我，是由我所感知到的一切所構成。而我們的感知與理解，都取決於我們是怎樣的人。」

這是美國臨床心理學家尼爾．克拉克．華倫（Neil Clark Warren）曾說過的話。所有的感官對我們的人生而言皆是正面資源，只要這些功能夠活躍，就能成為助力。

當我們越是深入認識自己，
就能邁向越寬闊的世界。

Chapter 3

該如何愛人與被愛？

阿德勒的人際關係課

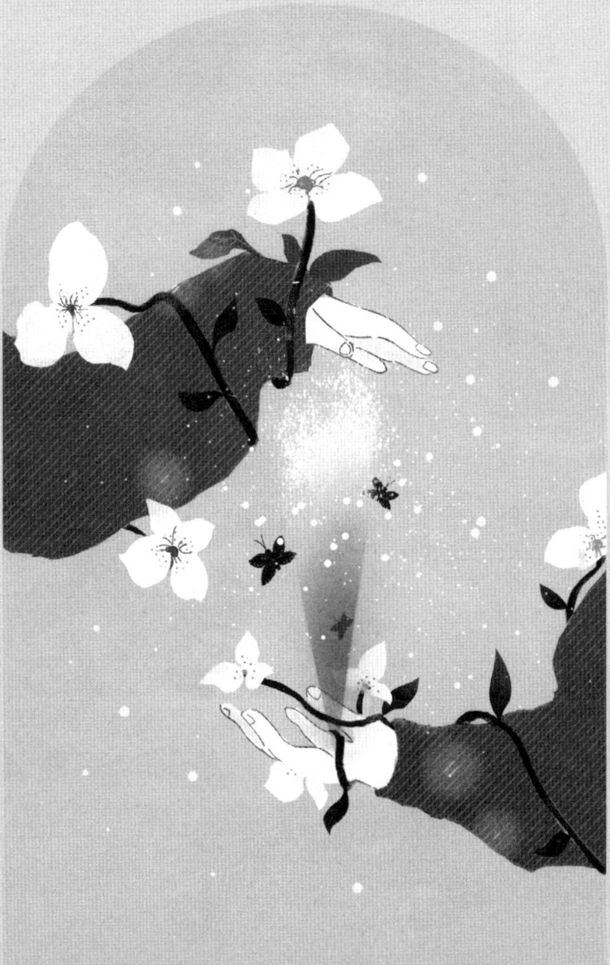

14

從人際關係透視你的內心

往後退一步，看見全貌，
才能看清自己，也看清他人。

「在人際關係中，尤其是男女之間，常常存在著優越感與自卑感的對比。因此，男女間的平等關係可作為評估一段關係是否健康的指標。如果一方習慣以自私的優越感或權威來控制對方，就不是一段健全的關係。」

正所謂近墨者黑，近朱者赤。意思是指經常聚在一起的人會變得與彼此相似，這句話強調了周遭環境對一個人的重要性。我們會因為遇見了某些人，與他們建立某種關係而受到劇烈的影響。尤其會根據年幼時期與父母或兄弟姊妹等家庭成員之間關係的好壞，決定成人期之後與人建立關係的方式。而且隨著心理發展的階段越成熟、年齡漸長，與人相處的模式也會更加鞏固。只要自身的信念不產生變化，此關係的經營模式將延續至成年期。

我們往往會以生命中最初遇見的人——父母，彼此之間的相處經驗為基礎，進而形成對他人的看法。而那些相信他人會對自己感興趣的人，很可能是因為擁有年幼時被養育者悉心照料、療癒心靈創傷的記憶。相反地，如果養育者總是優先處理其他事情，即便察覺到孩子傷心卻視而不見，也不曾給予擁抱，那麼，孩子可能會經常感到自己無法獲得他人的肯定與尊重。

阿德勒特別重視一個人與手足之間的關係樣貌。他認為，不論是關係親密的手足，還是經常發生爭執的手足，都是對彼此性格養成和關係模式影響最深的人。

從早期記憶中，能看出我們對他人的觀點以及建立關係模式的端倪。對他人的信念，是從幼時和童年累積的經驗與認知中形成，並經過個人反覆驗證後逐漸確立。如果記憶中多次出現特定人士或權威人士的鼓勵與支持，他們往往會擁有積極正面的自我形象，並且傾向以類似的互動方式進行社交。

反之，未曾受到信任或鼓勵的人，則會秉持著「不能相信任何人」的信念長大，在與他人互動時，也無法輕易放下這股信念。他們往往會帶著戒心對待他人，而當對方感受到這種防備的態度，自然也會選擇與他保持距離。

難道就只能維持如此疏遠的距離嗎？阿德勒認為，就算是不同人生觀的人仍然可以共處，因為人類是具備「社會興趣」的群居動物。

人們期待從關係中獲得滿足的七種需求

阿德勒在第一次世界大戰時期擔任軍醫後，確立了共同體感覺的概念。戰爭結束後，他領悟到在最令人恐懼的環境下，個人生存與人類生存相互依附的道理。唯有每個人都努力生存，全人類才能延續下去。

個人的幸福與不幸，如同漣漪般影響著人際關係，進而波及他人的人生；同時，我們也無法避免受到他人情感的牽動。這一切源於每個人天生擁有的「社會興趣」。正因如此，我們不僅會關心他人的福祉，也能夠在相互影響中建立起深厚的連結，與他人攜手合作，更良好的互動。

阿德勒表示，由於人類是無法脫離群居的動物，因此在與他人建立關係時，能夠感受到「平等」是非常重要的。

當男女關係建立在平等的基礎上，尊重對方的獨特性，親密感便自然產生，並隨著時間愈加堅固。無論雙方的地位孰高孰低，重要的是能夠尊重彼此的真實樣貌，並在相愛中體會到深刻的共同體感——那種歸屬感與情感連結，也是其他關係所難以取代的。

這段話正是阿德勒親身經歷後的深刻體悟。他之所以強調平等，與妻子的背景有著密切關聯。阿德勒的妻子來自當時仍是社會主義國家的俄羅斯，該國強調平等的價值觀深深影響了她，也在無形中對阿德勒產生了深遠的作用。為了實現夫妻間的平等關係，阿德勒付出不少努力，並將此理念加以實踐。

除了阿德勒所提到的平等感，人類在建立人際關係時，還希望能滿足六種需求。如果個體缺乏其中任何一項，便會試圖從與自己建立關係的對象身上尋求滿足。

以下將說明六種需求，以及這些需求無法被滿足時，會導致何種後果。

• 安全感

在與人建立關係時，我們會渴望獲得「我很安全」的感受，這是源自於對生存的基本本能。相比其他需求，安全感無疑是首要被滿足的需求。

那些在人際關係中經常感到生存受到威脅的人，往往更容易形成「安全第一」的價值觀，傾向於保護自己並迴避焦慮。這樣的人習慣採取保守的態度，並避開突破性的挑戰或新的嘗試。

• 價值肯定

在人際關係中，我們渴望從對方身上獲得尊重與關注，並期待自己的存在能被肯定。當一個人在關係中很少獲得他人對自己的認可時，往往會無止境地進行「肯定鬥爭」，以滿足這種需求。而當他無法得到他人的肯定時，也更容易感到自責。

然而，對於價值肯定需求的匱乏，並不全然是壞事。有時候，對肯定的渴望也會轉化為個人成長的動力，推動我們發展自己的才能。我們期望受到善良的人肯定，這樣的需求也會透過善良的行為來表現，唯有這樣，我們才能在道德上擁有優勢。

- **接納**

在一段關係中，人們渴望對方能接納最真實的自己，並且不作任何價值判斷或評論，因為在內心深處，總會期盼聽到「你是個很不錯的人」這樣的正面肯定。當「本身」的價值受到了認可，認為自己是必要的、值得尊敬的人時，這種被接納的需求便能獲得滿足。特別是當遇到那些在我們受傷時能給予安慰的人，更能深刻感受到被接納的溫暖。

- **相互性**

我們之所以想與那些擁有相似經驗的人建立聯繫，是因為在對方的故事中，我們會看見自己的影子，進而產生一體感。尤其當彼此經歷了類似的困難或痛苦時，這種共鳴感會變得更加強烈。相信對方能理解自己曾經有過的傷痛，進而產生情感上的共鳴。雖然對方和我們的經歷並不完全一致，但如果缺乏這種相互性，也就不易建立足夠的情感連結，甚至難以溝通。

• 自我定義

人類天生就有表達自身獨特性和屬性的需求，因為我們希望能透過展現與眾不同的特點，來獲得這個世界對自己的認同。當這種自我定義的需求無法得到滿足時，個體可能會表現出憂鬱、攻擊性或強烈的競爭意識。如果遇到抱持不同意見的人，就會覺得自己的存在被否定，並堅持「我的想法才是對的」，同時對對方產生敵意。久而久之，也就越來越難採取「事情沒有絕對對錯」的中立思考態度。

• 發揮影響

我們總是渴望對那些與自己有深厚關聯或意義的人，產生影響力。在健康的關係中，個體通常會透過交換意見或積極行動來互相影響，並且促進彼此的成長。例如，如果身邊有很多熱衷運動的朋友，我們也會受到激勵，一起投入運動；又如，父母希望子女養成閱讀的習慣，便以身作則，讓孩子也跟著愛上閱讀。然而，當一個人過度渴望發揮影響力時，可能也會變得自以為是。換句話說，若單方面強迫他人接受自己的觀點，勢必會對關係造成負面影響。

互相尊重，便不再感到孤單

在一段關係中，最理想的狀態，是雙方能滿足彼此的所有需求，但在現實中幾乎不可能達成。即便只是認可和尊重對方擁有某項需求，也已具備了重大的意義，代表了你發自內心理解對方。在給予尊重、認可的過程中，彼此會變得更加親密。

艾瑞克森認為，在成年初期，離開父母、以獨立的身分成長並在關係中建立親密感，是最關鍵的發展課題。因此，人際關係的重視程度被大大提升，尤其是與異性之間不僅要共享興趣，還要尊重對方的獨立性，彼此才能擁有平等與互信。

然而，有些人即便交友廣闊，仍然感到孤獨。不是因為他們身邊沒有人，而是在這些關係中無法體驗到親密感，進而感到失落與挫敗。此時，個體會試圖加強與他人的聯繫，甚至對某些關係過度執著。當這段關係出現問題或分裂時，便會立刻陷入焦慮與空虛，並因為害怕被拋棄，於是開始犧牲自我或過度依賴。

「身邊沒有任何人」這種說法的背後，可能有兩種情況：一是物理上的孤單，二是儘管身邊有伴，卻感覺這些人與自己之間有著無形的距離，導致感到寂寞。**即使身邊有人也會覺得孤獨，是因為在其內心已產生對他人有著「孤獨與隔絕」的固定認知，無法真實地看待對方，**而是透過自設的濾鏡解讀他人。這也意味著，真實的感受往往取決於個人心中對一段關係的既定看法。

當人們處於同一群體時，若能達成共識並擁有共同感，就能保持親密與聯繫，這樣群體中的每個人也都能感受到被接納，不再覺得孤單與隔離。

接著讓我們來練習如何認可並接納他人原本的樣子。首先，「我是這麼想的，所以別人也一定這麼認為」是一種偏誤的思維。每個人都各自經歷過不同的生命旅程，所以對於人的看法也各有差異。因此，我們必須練習經常以客觀的角度觀察情況，站在對方的立場思考，揣摩他人可能抱有何種情緒和想法。

當自己正全神貫注於某件事時，就難以宏觀的視角看待全局。推測他人立場的方式就像是戴上他人視角的眼鏡，客觀地審視自己；又好比是從較遠一點的地方，理性觀察自己的行為。漸漸地，我們將學會把自己的行為與他人的行為予以區分，如此一來，便可清楚看見對方最真實的面貌。

如果有人在我身旁照看我，陪我一起難過，
支持我、同情我，並同理我所說的話，
那麼，心情就會輕鬆許多。

15

別為了挽留愛情而奮鬥

即使獨自一人也不會感到焦慮不安，才能與人建立起健全的關係。

「愛情是非常深刻的夥伴關係。因此，當其中一人的支配欲過於強烈時，這段關係將難以維持。」

害怕被所愛之人拋棄的人，他們可能會過度依賴或執著於關係，認為如果得不到對方的愛，自己便不完整。這類人渴望情感上的親密，對於被獨自留下而感到極度不安。即使在與異性交往中遭遇情感操控或約會暴力，他們也無法結束這段關係。這便是所謂的「關係成癮」。

問題在於，這些人往往並未意識到自己已經對關係成癮，反而繼續忍受暴力對待。出於對被拋棄的恐懼，他們會避免採取本能的思考和行動，並接受對方的控制。當對方施暴時，會誤以為是自己做錯了，因此自責。當一個人經常遭遇心理上的拒絕時，對孤獨的恐懼感便會加劇，即便成為了暴力之下的受害者，也會不斷催眠自己「是我不對」，並試圖為對方的行為辯解。

不認可自己的人，是依賴他人的人

幼年時期的人際關係狀況，對人的一生影響深遠。嬰兒一出生便需要他人的照顧才能生存，對於被親密的人拋棄的恐懼，往往在童年時期便悄然形成，並成為心靈上不可抹滅的痛。心理學家卡爾・榮格（Carl Gustav Jung）曾說過：「如果一個人在生命初期遭到重要且親密的人虐待、冷落或遺棄，他的內心會產生負面印象，並發展成不適應基模（Schema）*的行為模式。」

與人際關係相關的不適應基模通常在生命的早期階段形成，並在經歷了童年和青春期後變得更加根深蒂固。如果在成長過程中，未能從撫養人那裡獲得足夠的同理心或健康的照顧，而經歷了過多的挫折與創傷，那麼，當個體長大成人後，將難以與他人建立穩定關係，並且更加執著於滿足需求，例如：渴望他人的認可或對關係的依賴。**這樣的人尤其害怕被拋棄，於是無法輕易拒絕他人，總是壓抑自己的情緒，不斷迎合對方。**對他而言，被拋棄的痛苦，比起遭受暴力的傷害要來得更加深刻。然而諷刺的是，這種情況可能源自於兒童時期被拋棄的傷痛，於是成年後選擇以更具衝擊性的暴力來傷害自己，試圖藉此療癒當年未能癒合的創傷。但這種方式顯然不是健康的療癒之道。

那麼，什麼樣的人會恣意地行使約會暴力呢？德雷克斯（Rudolf Dreikurs）*說：「追求權力的人，在兒童期的初期便會以孩子僅有的表達方式，令他人感到恐懼與痛苦。他們會企圖透過暴力與辱罵來壓制和掌控他人。」

這些人會隱藏自身的柔弱，以負面的方式強迫他人按照自己的想法行動。權力對他們而言，意味著「藉由拒絕給予他人肯定與尊重的方式，破壞關係之間的和諧與合作」。**這類型的人在弱者面前會炫耀自身的強大，在強者面前則會示弱。**

那麼，對關係成癮的人又該如何療癒呢？

*：「基模」指的是大腦用來認識世界的一種認知架構，包含了人們對於外在世界的概念，這些概念的屬性，以及這些屬性之間的關係。是個人基於過去經驗而形成對某些人事物的知識。

*：美國兒童心理學家、精神病醫生和教育家。

擁抱自己的瞬間，就是變化的瞬間

不論是交往還是婚姻，如果希望關係長久，彼此之間就必須維持平等的關係。越是不成熟的人，就越容易在關係中行使權力，並企圖以操縱人心的方式強行控制他人。反之，心智成熟的人，越容易成為對方的人生伴侶，與伴侶共同成長，攜手走過人生的每一個階段。

首先，請將自己因害怕被拒絕而感到恐懼的情緒具象化，並試著將這個恐懼形象畫出來。接著，為該形象命名，例如「水鬼」或「跟蹤狂」，接著請試著與之對話，也就是與自己對話。化身為「水鬼」後，試著表達自己的情緒，也可以將「水鬼」想說的話全都寫下來：

「我從小就常常被拒絕，現在我再也沒有力氣承受了。所以我想緊緊巴著這個人不放，不想被這個世界拋棄。我想對他說『請你看我一眼吧！』『是我做錯了！』」

接下來，請安慰因無法建立平等的關係而感到難過的「水鬼」。假如「水鬼」有希望聽到的話語，也都全部寫下來。然後，點亮一盞燭火，把籠罩在失落感中的傷心「水鬼」寫下的內容唸出來。與此同時，觀察自己情緒的變化。

然後，請擁抱那個想依賴傷害自己的人、執著不已的自己：「我明明想要的是一個能夠同理我、安慰我的親密伴侶啊！」明白那股存在於自己體內、因擔心遭到拒絕的內心焦慮，是由於對方的行為總讓人產生「可能會被拒絕」這種扭曲的思維所致。

從現在開始，請學會安慰自己，並且試著相信自己：「畢竟，我已經長大了。我決定重新照顧那個曾經在童年時受過傷、滿心失落的孩子。我會輕輕哄他、理解他、肯定他、並且接納他。」不妨隨身攜帶一個象徵童年的玩偶或物品，以便隨時藉此為自己加油，讓自己能夠重新鼓起勇氣。

16

能夠接納他人的人，是愛情的勝利者

盡己所能為對方而努力，
也許這就是愛。

「人生早期階段，都在為了愛情與婚姻做準備。而其中最重要的準備，就是合作。為此，我們必須對對方抱持興趣，並以平等的互動為前提。而且也要忠誠地、正直地對待彼此，建立信賴關係，才能成為對方的人生伴侶。」

埃里希・佛洛姆（Erich Fromm）的著作《愛情的技術》序章裡如此寫道：「本

書的目的，是為了說明愛情並非一種人人都能輕易沉溺其中的感性。」

在書中第一章〈愛情是技術嗎？〉提到：「正如同過生活是一種技術那樣，我們也該領悟『愛情也是技術』的道理。因此，我們有必要學習愛情的技術。」

而阿德勒也有類似的主張。愛情的面貌如此多樣，更準確地說，其實每個人所追求的愛情樣貌皆有所不同。但不見得每一種樣貌都是健全而成熟的，因此，為了理解愛情，我們必須努力學習。

心理學家口中的愛情模樣

曾具體說明愛情類型的羅伯特．史坦伯格（Robert Jeffrey Sternberg）認為，包含了親密感、熱情、責任感，才是完整的愛情。親密感，意指在一段戀愛關係之中，人在親近、聯結、團結等情緒層面上所感受到的溫暖。熱情，則是在一段戀愛關係中，渴望與令自己感受到浪漫、肢體魅力、性吸引力等的對象合而為一，而對此表現出強烈慾望。責任感，則代表著「我要開始戀愛」的決心，以及蘊含「我會繼續愛著對方」的奉獻精神。

這樣的責任感與奉獻精神雖彼此獨立，卻又有交互作用。因為親密關係若發展出熱情，就能喚起責任感，而當責任感越重，親密感與熱情的程度亦可能隨之提升。

加拿大的社會學家約翰．艾倫．李（John Alan Lee），將愛情區分為以下六種類型：

- 情慾之愛（Eros）

處於這種關係中的人，彼此間強烈的性吸引力是成就這段關係的動機。也由於知道自己心目中理想對象是什麼類型，一旦遇見符合該形象與條件的人，就會一見鍾情。

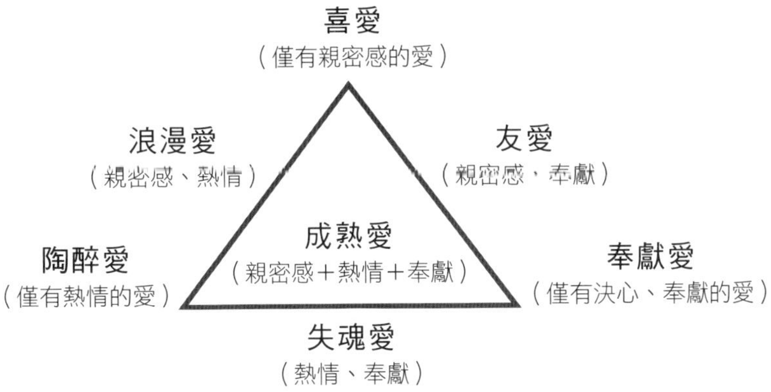

•遊戲之愛（Ludus）

享受遊戲之愛的人，並不會愛上對方或奉獻自己，愛情對他們而言只是一種遊戲。

•友誼之愛（Storge）

意指如同朋友或夥伴一般的友愛，是隨著時間慢慢成熟的愛情。這類人是偶然地愛上對方，並追求以長期情感為基礎而發展的愛情。

•佔有之愛（Mania）

佔有之愛是一種結合情慾之愛與遊戲之愛的愛情型態，其特徵是高度的依賴性與強烈的嫉妒心。在這種關係中，人總是渴望確認自己被愛，並不斷要求對方付出更多的愛意。

・現實之愛（Pragma）

務實的愛情則結合了友誼之愛與遊戲之愛，具有邏輯性與實用性。傾向選擇與自己門當戶對、興趣相投的對象，但當這些條件無法滿足時，這段關係便可能轉變為遊戲之愛。

・利他之愛（Agape）

一種具有奉獻精神的愛情，無條件地喜愛對方，並給予照顧與包容，無私地為對方付出。

專門研究愛情創傷的亨德利克認為，男性往往比女性更傾向展現情慾之愛或遊戲之愛，而女性則較容易表現出現實之愛、友誼之愛或佔有之愛的特質。雖然人們通常會偏好某一類型的愛情，但在戀愛過程中，不同類型的愛情也經常交融呈現，形成最獨特的愛情樣貌。

儘管學術界細分了這麼多不同類型的愛情，但並非所有方式都被視為健康的愛。有人認為，控制對方並讓對方按照自己的想法行事就是愛的表現，像是「我就是這樣的人，你必須配合我」，然而，這樣的態度是強迫對方犧牲自我的行為，稱不上真正的愛。

這些人是如何形成這種關於愛情的概念？假如在早期發展階段時，過度依賴父母，長大成人後，也容易對關係產生依賴。養育者有可能容忍了許多事，以致於孩子過於依賴自己。例如，因為媽媽很嚴格，於是孩子特別依賴爸爸的狀況尤其常見。由於無法從母親身上得到肯定，孩子便轉而渴求獲得父親的認可。這時，父親不可以無條件地容忍女兒，如近年流行的「女兒奴爸爸*」關係，其實就不是絕對理想的狀態。假如父親做決定時皆以女兒為優先考量，無視另一半的意見，夫婦間的關係便可能因此惡化。而一旦雙方關係緊張，便難以在養育女兒的過程中產生積極的影響。

*：指那些愛女兒如命的爸爸，願意為女兒做牛做馬。

在這種「爸爸的女兒」教養方式下長大的孩子，恐怕就會成為容易過度依賴的大人，認為所有人都必須理解她、喜愛她。心中想著「我爸爸不是這麼對我的」，認為伴侶或周遭的人理當無條件的接納自己。

如果一個人想要干涉對方的生活，卻無法付諸行動，他們往往會小心翼翼地將「對方可能離開的焦慮」深藏於心底，而無法滿足控制的欲望。然而，這種壓抑的情感經常會轉化為妄想，準確來說，也可視為「窺探」。尤其是現在隨著社群軟體的普及，偷窺他人生活變得更加容易。於是開始在腦海中編織各種想像與猜測，有些人甚至單方面臆測對方的情緒，然後因自己的猜測感到失望，最終認為應該與對方決裂或分手。

無論是藉著愛情的名義，
甘願變成絕對弱者的人，
或是非得掌控另一半的人，
對他們來説，愛情都將是最困難的課題。

表達愛意的方式各有不同

阿德勒曾說：「擁有為他人奉獻能力的人，也能在愛情與婚姻上成功。」因為在愛情裡，總會伴隨著奉獻與辛苦。相反地，對自己的愛很強烈的人，婚姻之路可能不會太平順。主要是因為他們雖然嚮往愛情，但會不斷希望優先滿足自身的需求，因而難以與人合作或是體諒他人。

因此，在戀愛關係中的首要之務，是盡可能努力理解彼此，瞭解對方有哪些需求。除了釐清彼此在性格上的差異外，還得先瞭解當對方感到不自在時，會表現出何種態度。有的人感到非常不自在時，會需要一段獨處時間才能恢復；有的人則需要透過對話來化解令自身感到不舒服的事。此時不需責備對方為何那麼做，而是應展現出認可與尊重彼此間差異的態度。

互相瞭解對方的需求後，接著該怎麼做呢？阿德勒說：「化解戀愛關係中分歧的最佳解方，就是親密感。藉由關心著彼此，讓這份心意在日常中漸漸擴散，親密感也會日漸深厚。」

重要的是，讓彼此能在滿足自身的需求與對方的需求之間取得良好的平衡點。除了能好好地向對方表達自己的情緒，也必須同理對方的情緒，特別是面對自己沒有興趣、但另一半卻感到非常有興趣的領域時，若能共同參與，將是增進情侶或夫妻關係的好方法。

舉例來說，假設伴侶向討厭戶外活動的自己提議一起去登山，為了不讓對方失望，決定一起前往。但畢竟是出於非自願的行程，所以無法樂在其中。這時該如何表達呢？請試著練習這樣回應：

「今天因為你想來，所以我決定陪你一起。但其實我有點累，不過因為你喜歡山，我現在也覺得來這裡放鬆一下挺不錯的。」

這是一種在表達尊重的同時，也能清楚說明自己想法的方式。這次你配合了對方，下一次他也會更願意考慮你的想法。只有在對彼此喜歡的事物保持興趣的同時，兩人間的親密感才會更加深厚。

我曾遇過一位新婚女性，她本人不喜歡煎魚，但因為丈夫愛吃，她每天都為他煎魚。這位女性透過行動和奉獻，積極地表達愛意。

除了分享共同的興趣外，我也建議伴侶之間應該分享對價值觀的看法，並共同探討其意義。年輕的情侶可能因為忙於生活而忽略這類對話，**但如果能交換彼此對人生的理解與觀點，除了能加深親密感，也是展現對彼此關心的最佳捷徑。**

表達愛意最好的方式，莫過於「溝通」。然而，許多人對於表達愛或傳遞愛的言語感到生疏。尤其是從小缺乏這方面練習的人，表達愛意時更是困難重重。即便如此，就算不透過語言，我們也能用肢體和眼神來展現情感。如果連這麼做都感到困難，不妨嘗試使用社群軟體的表情符號，也是一種新的選擇。

17

新關係需要新的方式

伴侶之間的相處不僅會產生變化，也可能遇到瓶頸，亦可能超越家庭的範疇，發展出更多不同的可能性。

「沒有共同體的地方，就不會有人的足跡。除了人類對信賴、忠誠、坦率和真實的熱愛外，一切都能依循普遍適用的原則延續下去。」

近期有許多電視台推出了以同居為主題的實境節目，真實呈現情侶們在開始同居後，可能發生的各種狀況。從各大電視台的節目都熱烈播出這類主題節目來看，同居

儼然已成為現今相當普遍的現象。

實際上，亞洲社會對於同居的看法已經和過往不同。民眾對於未婚同居表示贊同的比例，二十歲以上有89．7％、三十歲以上有81％、四十歲以上則有74．3％。年齡層越低，對同居的偏好與接受度越高。

隨著大眾對於婚姻制度的感受漸趨負面，同居開始演變為婚姻的一種替代方案。因為現在的年輕世代傾向擺脫伴隨生產、養育、扶養父母等隨著婚姻而來的義務。與此同時，社會對於每個人「必須結婚」的認知，也正逐漸消失。現實生活中，同居的伴侶其實也被認可為事實的夫妻關係。

這意味著社會對於家庭的價值觀，已隨著年齡層越低，產生越大的變化。對年輕族群來說，家庭價值觀正朝著開放、包容多元性的方向發展。傳統上，家庭的意義受到法律與規範的約束力（即婚姻制度）影響，然而現今家庭的意義，已經擴及經濟或居住共享的關係，甚至是情感親密的關係。此外，發生婚前性行為的年齡也逐漸下降。阿德勒也許十分樂見近來年輕族群對家庭價值觀的轉變，因為他強調在伴侶關係中平等是非常重要的。

比起束縛，更需要歸屬

為何現在的年輕人不選擇結婚，而是選擇同居呢？他們之所以將同居視為婚姻的替代方案，可歸因於性規範的變化、對婚姻與家庭制度的懷疑、女性高學歷、性別平等化等各種因素。而其中有兩個主要原因：

第一，同居能擺脫經濟條件的規範。

面對為何同居的提問時，許多情侶的回應包含：「準備新房、婚禮等費用的負擔太大」、「想在同居期間確認對方是不是對的人」、「不想受到婚姻束縛」、「沒有生兒育女的打算」等。簡單來說，原因不外乎經濟負擔沉重、討厭傳統家庭規範，所以選擇了同居。

而同居者往往也因為厭倦婚姻制度，而選擇放棄結婚這個選項。事實上，相較於已婚者，同居的情侶大多持較為開放的態度，或他們的父母也有類似的觀念，其中也有不少人曾經結過婚。如果曾見過他人受婚姻制度束縛，或體會到不依循傳統婚姻模式也能過得很好，這樣的人可能會更容易選擇同居。同居往往意味著較少的責任與義務，彼此的貢獻也較低。然而，正因為責任與奉獻程度較少，使得同居也帶來了一個風險，那就是親密關係中發生暴力的機率可能更高。

第二，同居能獲得歸屬感。

表面上，情侶們為了「節省生活費」、「維持彼此間寬鬆的責任關係」而住在一起，不過據研究結果顯示，隨著同居的時間越久，也會因為對彼此的歸屬感與責任感變得更深厚，而互相認定為夫妻關係。實際上，二十歲以上有96．2％、三十～三十四歲有97．9％、三十五～四十九歲有100％的人，認為同居的對象就等同於婚姻裡的另一半。意即，他們將彼此視為「家人」，且認為自己屬於這個家庭的一份子。

阿德勒認為，人類的首要需求是「歸屬於社會團體的需求」。同居情侶之間尋求彼此的歸屬感，便是此需求的自然延伸。這裡的歸屬感，不僅僅是指物理上屬於同一群體或組織，而是一種心理層面、內在的、主觀的感受。這種感受不僅會影響個人的情緒，也會加強自己與伴侶之間相互依賴的認知。

相較於婚姻關係，同居伴侶對家庭責任的意識較為薄弱，更注重的是自己與伴侶之間的親密度與滿意度。然而儘管如此，同居伴侶最終仍會將對方視為夫妻，也讓彼此的歸屬感和依存感變得更加深厚，而這也正是伴侶關係的品質為何至關重要的主要原因。

即使關係的狀態改變，優先順位也不會變

「個體認為自己屬於某個組織的歸屬感，是可以透過個體努力而獲得的嗎？或是個體在進入組織時，歸屬感便同步形成或被賦予了？」

德瑞克斯對於歸屬感的分析中指出：「同居是雙方的選擇，彼此將對方放在優先位置。為了維持和諧的同居生活，最重要的是尊重對方。然而，如果兩人過於敏感，精神上又沒有足夠的餘裕，可能無法保持基本的尊重。因此，同居時必須事先訂定雙方協議的規則。」

同居伴侶之間，尤其在與雙方父母的關係上，經常會產生意見分歧。由於父母的世代仍然秉持著傳統家庭觀念，可能對同居抱持負面看法。因此，如何向各自的父母解釋雙方的關係，成為兩人必須事先協商的重要課題，此外，也還有「決定過年過節的方式」、「如何向父母介紹對方且不強迫結婚」等。

當今社會也仍不免對同居存在一些疑慮，在職場中，如果同居的消息被傳出，難保所有人都能不帶偏見的接受。在這種情況下，兩人需要相互支持，用愛來面對外界的壓力。當然，前提是雙方的關係必須足夠堅定。就像婚姻關係一樣，為了能共同度過困境，彼此之間的溝通與理解至關重要。

如果你與伴侶還沒開始同居，但有此打算，不妨回想一下，自己是否也曾對同居抱有偏見，是否因為這些偏見而感到羞愧？如果答案是肯定的，那麼，不妨先衡量自己是否能夠承受。如果你覺得難以克服，或許選擇不與伴侶同居會是較好的選擇。

如果你們已經同居，選擇了兩人一起生活，必定是因為覺得比單獨生活更好。在同居的過程中，為了彼此的幸福，請試著對這段關係負起責任，並且用心經營。

在愛情裡平等是基本條件，
彼此間還需要願意為對方奉獻的精神。
「只要我快樂」
這樣的單一想法並不存在。

18

愛情，是需要兩人一起解開的習題

無論你是什麼模樣，都有資格擁有愛與歸屬。

「知道有人深深愛著自己，是心理上極為重要的瞬間。這代表對方正為自己投入持續的關注，並努力接納著我，期待與我共同迎接未來。然而，當我們對彼此的態度產生變化時，也代表這段關係的持續終將面臨考驗。」

「如果和他在一起，我身上所缺少的那塊就能被滿足。」

「他的想法和我相似，我們一定能開心地和平相處。」

相信每個人決定與另一半結婚時都是抱持著期待。在選擇結婚對象時，往往是基於對方擁有自己自幼便重視的特質，或是價值觀相近。而另一種情況，則是選擇能夠補足我們所缺乏的部分。正如德瑞克斯所說：「家庭組成的典型方式是男性與女性相遇並結婚。他們為何選擇組成家庭？因為希望能利用彼此在生理、情緒、社會上的資源，彌補各自的弱點。」

根據研究顯示，已婚者平均擁有較多的經濟來源，較重視安全、情緒穩定、生活習慣規律，甚至壽命也較長。與戀愛中的情侶相比，夫妻間的性行為次數更多，性生活的滿意度也更高。

然而卻在結婚後，發現另一半無法完全理解或接納自己的需求。原本期待能夠接受並彌補自己不足的配偶，卻在某些時候反過來攻擊自己的弱點。

「你為什麼這麼沒耐性？」
「你為什麼不及時做好準備？」

如此一來，原先自己所缺乏的部分仍無法得到滿足。諷刺的是，結婚前令人著迷的一切，卻成為親密關係中可能引發衝突的根源。換句話說，自己是基於各方面的喜好而選擇了對方，但正是這些喜好，讓兩人之間產生了矛盾。

若想變得幸福，另一半也必須感到幸福

由於母親的外遇，民洙的父母離婚了。他的童年大多是與父親一起度過的，每當他與親近的人建立關係時，總是暗自擔心對方會隨時離開他。因此，即使只是暫時無法見到對方，他也會感到焦慮不安，甚至懷疑對方背著自己劈腿。

幸運的是，民洙遇到了深愛他的人並結婚，但他的疑心病並未因此改善。他會在對方睡著時偷偷翻看手機，查看她在社交媒體上和誰交談。民洙的另一半發現後非常生氣，他一邊哭泣，一邊哀求對方的原諒。

「因為我太愛妳了，我是因為害怕失去妳才這麼做的。」

像不像八點檔連續劇或感情談話節目中，經常出現的對話呢？這是企圖利用另一半來填補自身缺點的經典案例。

阿德勒曾說：「人們總渴望那些能幫助自己維持優越地位，並彌補缺陷的人來愛自己。」希望對方能解決自己未被滿足的需求與內心的空虛，並且還要按照我們的想法行事。這是因為長久以來，你我仍被內心的缺憾左右著。

然而，若抱持這樣的態度，雙方便無法真正肯定和接納彼此。因為無意間很可能會說出違背本意的話，讓關係更加疏遠。即使我們確實尊重並愛著對方，但如果沒有確實表達出來或以錯誤的方式表現，對方仍然感受不到愛。

當對方沒為自己做某件事，或是拒絕了某些請求，我們會感到需求未被滿足，並產生責備、受傷、憤怒等情緒。這種時候，我們不僅不會安慰對方，反而可能大肆挑剔對方的缺點，或將自己的憤怒合理化，認為這一切都是對方的錯。正如民洙的例子，他以自己的焦慮來合理化對伴侶的不尊重。

阿德勒還表示：「請不要崇拜或輕視你的伴侶，應以平等的態度愛著對方。不要期望對方能達到連你自己也無法達到的完美。你愛的不是天使，而是女人；你愛的不是幽靈，而是男人。請不要將自己看作孤立的個體；如果對方未視你為這段關係的一部分，那麼，也別成為只接受、不付出，或僅付出卻不求回報的一方。」

有些夫妻因歧見甚深，在婚姻諮商的過程中，甚至產生「究竟我們是怎麼一路走來的？」疑惑。他們之所以還能忍受，是因為仍對對方抱有一絲期待。儘管彼此之間的矛盾不斷，卻仍未分手，代表還有試圖改善彼此關係的意志。那麼，對於這樣的婚姻而言，是否有解決辦法呢？

與相愛的人修復關係的練習

首先，請在彼此協議之下訂定婚姻守則。這是為了能互相尊重、共同生活而制定的公約。例如：

◇即使正在生氣，也必須聽完對方要說的話。
◇無論在何種情況下，都不能大呼小叫、使用暴力。
◇不刻意攻擊對方的疏失。
◇不侵犯對方的私人領域。
◇每週與雙方父母通話一次。

◇不迴避令人尷尬的問題，彼此可以透過討論來解決。
◇尊重對方的嗜好。
◇有關養育子女的方式，必須經過雙方討論後達成共識。
◇各自保有專屬於自己的時間。
◇經雙方協議後決定返家的時間，若無法遵守也需事先通知。

其次，請回想第一次感受到對方魅力的原因為何，利用遊戲互動也是不錯的方法。或是每個月或每星期設定一個「誘惑日」，聊聊彼此受到吸引的原因，並且重現當時的情境，演繹一段誘惑對方的情境劇應該也會非常有趣吧！這不僅可以讓你們重溫最初所感受到的愛戀，還能加深彼此互相瞭解。這樣的互動不僅能讓關係更加緊密，也能確認為何選擇對方作為伴侶的原因。

第三，不妨談談你們的未來。夫妻不僅共同生活，更是一起創造人生意義、分享對未來的期待與夢想的重要夥伴。當你們共同克服了育兒的挑戰，這些經歷將成為日後津津樂道的回憶，也只有作為夫妻才能共同經歷這些過程。真誠地交流彼此的夢想、價值觀和志向，並互相支持對方的發展，是理想夫妻的終極模樣。

阿德勒認為，若想要婚姻生活美滿，那麼，另一半的幸福也同樣重要。在婚姻中，並不存在「只要我快樂就好」的單一想法。夫妻應該互相尊重，共同努力向前，攜手創造屬於兩人的幸福。

19

無論是誰，都應該持續受到尊重

若只有一方付出，
將無法獲得幸福。

「身為父母，你的角色至關重要。你是唯一能讓子女在成長過程中，形成家庭歸屬感與連結的人。」

叡真為了公務員考試準備了多年，幸好第一次應試就通過了。她在任職的單位結識了丈夫，一年多後孩子便誕生了。因為小時候沒有得到父母充分的照料，對此抱有遺憾的叡真，在孩子出生後就辭去了工作。一年後，接著生下了老二。原本打算孩子們長大後，再慢慢回歸職場，但是僅靠丈夫一人的薪水，實在難以支付兩個孩子的補習費和養育費，再加上有購屋的壓力，她心裡認為自己必須儘快重新就業，然而因為離不開兩個孩子，卻也遲遲無法採取行動。

阿德勒說：「沒有完美的大人，也沒有完美的小孩。」

意思是，**無論度過了怎樣的童年，我們都很難成長為完美的大人。**更別說許多人在還沒來得及學會應對成人生活中的最大挑戰——「育兒」之前，就已經無預警的成為了父母。

假如結婚沒多久就生下孩子，夫妻要面對的不僅是育兒上的困難，還得面臨夫妻間相處的課題，可說是雙重難關。新婚初期，夫妻關係尚未穩定，雙方對於所有權、主導權、經濟權的想法都還沒有共識，此時，很可能會為了強調自己在關係中比對方更具優勢，因意見分歧而發生口角。

尤其當其中一方必須全責育兒時，夫妻間的裂痕往往會加深。在許多情況下，當無法將育兒工作請他人代勞時，就必須有一方辭去工作。在傳統父權家庭中長大的男性，因為母親和家人都為了育兒而辭職，所以也習慣認為妻子全職育兒是理所當然的。然而，現代女性和男性一樣，從小就被教育要成為對社會有貢獻的受薪階級。

我的人生將完全改變

心理學界認為，在兒童經歷重要發展階段的三歲以前，孩子與身為主要養育者的母親一起度過的時間非常重要。在人類一生的發展過程中，出生後的三十六個月是極為關鍵的時期，這段時間內，孩子會經歷顯著的成長，也是建立與父母依附關係的黃金期。此時，孩子的身體、認知、情緒和社會能力等各方面的發展都正在快速打下基礎。如果媽媽感到幸福，孩子也會感受到這份幸福，進而發展出良好的自尊感和正面情緒。然而，如果媽媽無法滿足於育兒生活，將更多注意力放在經濟活動上，孩子的負面情緒可能會更為強烈。此外，**媽媽的心理健康、夫妻關係、教養態度、生活方式與價值觀等，也都會同時影響著孩子的成長。**

有研究指出，孩子在出生後的十二個月內，若長時間與母親分離，日後可能會形成「缺乏情感人格」或對青少年時期偏差行為埋下伏筆。在一項觀察幼兒與父母分離影響的臨床實驗中，研究人員發現，當幼兒首次與父母分離時會不斷哭鬧，隨著時間推移，孩子將失去父母會回來的希望，表現出挫敗感。即使後來與父母重逢，也會對父母顯得冷淡並保持距離。

因此，當孩子感受到威脅、困擾或疼痛時，會本能地尋求媽媽的安慰與安全感。媽媽的存在，能在孩子遇到困難與痛苦時，提供穩定與平靜，這對孩子的一生至關重要。這也是為什麼，即便有祖母或其他家人幫忙育兒，仍建議由媽媽擔任主要的養育者角色。**育兒不僅是生理層面的照顧，更是情緒層面的關懷。**

基於上述原因，有許多女性因育兒而辭去工作。另一方面，至今仍有相當高比例的人認為女性應當承擔家務的勞動與責任，對於丈夫是「幫忙的人」的想法也依然根深蒂固。

然而對多數女性而言，育兒會成為經濟上的負擔，並伴隨著前所未有的壓力與緊張。婚姻所帶來的育兒與家務問題，往往成為阻礙她們參與經濟活動的障礙。這些女性在婚前接受了高等教育，並努力提升自尊與專業能力，但婚後卻得放棄婚前所取得的成果與成就。對於許多在職場上表現出色的女性來說，「獨自育兒」是一個難以接受的現實。

三十歲以上的媽媽在養育子女時，常會面臨職涯中斷的危機。即使在孩子稍大後重新回到職場，她們仍需扮演多重角色，而在職場中也無法自由地討論育兒話題。尤其在男性居多或層級較高的組織中，申請育嬰假時，女性往往因身為少數而產生諸多猶豫。

但在規模較小的企業，媽媽的立足空間更是狹窄。當員工為育嬰而留職停薪時，企業通常需要另行招聘或調動內部人員來填補空缺，多數的中小企業並無這樣的餘裕。即便政府提供補助，但在經濟不景氣的時期，育嬰留職停薪仍難以實現。男性的育嬰假問題更為複雜，儘管公司可能鼓勵員工申請，但男性往往會考慮到自身的利益，也擔心給同事帶來麻煩，最終不得不顧慮他人的眼光選擇放棄。這就是為何育兒對許多人來說，仍是一個難以承擔的挑戰。

媽媽在看著自己漂亮又可愛的孩子時，能從中找到安慰，確認自己當初的決定沒有錯，每當她聽到未婚或仍在職場上打拼的朋友談話時，卻不免感到自己彷彿因育兒而被社會邊緣化。她們覺得很難與丈夫談論這些感受，甚至因此對無法獲得他人同理的自己產生怨懟。

不勉強承擔也不推卸時，才能真正負起責任

養兒育女帶來的滿足感是無可比擬的。首先，與孩子共同成長、互相影響，不僅能讓父母在情緒上得到滿足，也能在育兒過程中經歷各種喜怒哀樂，讓人生更有意義、更加豐富多彩。同時，父母和孩子的關係也會更加深厚，家庭的愛與連結會越來越牢固，並產生歸屬感與安全感。自己與摯愛的人共同建立家庭、生兒育女，改變了自己對於生活和愛情的理解。為了維繫親子間的情感，夫妻將會投入更多心力，將兩人之間的愛情延伸至家庭。

然而，在這一切之前需要記住一點：婚姻是人生的一部分，健全的婚姻生活應建立在夫妻雙方的潛在能力之上，並且兩人應該共同成長，達到一致的水平。所有的人際關係，只有在彼此都能不斷成長的基礎上，才能維繫長久，夫妻關係也是如此。儘管在現實生活中，女性可能會因為經濟條件和時間上的限制，必須共同承擔育兒的重任，但男性也同樣該平等共同分攤所有責任。

此時，夫妻間的溝通變得尤為重要。兩人需要通過語言、非語言的方式，甚至肢體和眼神的接觸來表達自己對育兒的看法與態度，並達成共識。當夫妻雙方就育兒問題達成一致時，才能對孩子的成長帶來正面的影響。

特別是出生後的前三年，是孩子成長過程中至關重要的階段。夫妻攜手合作，共同為孩子的健康成長努力。為了提供孩子最好的養育，父母應該積極閱讀育兒書籍、參考專業資料，並持續吸收相關知識。

20 每個人都該受到善待、愛護、認可

當我開始珍視自己時，
那些不公平的歧視才不會代代相傳。

「所有人都生而平等，每個人的存在本身已是健全且完整。」

阿德勒指出：「家庭成員會確立自己在家庭中的角色和地位，並努力堅守這個崗位。」因此，每個家庭成員往往會仔細觀察他們視為競爭對手的兄弟姊妹，努力瞭解對方的成功與失敗。

阿德勒的體型比哥哥矮小，且常常生病，在學業上也落後哥哥。無法超越哥哥的卓越表現，讓阿德勒在心理上變得更加脆弱，這也讓父母不得不投入更多心力來照顧這個較為弱小的孩子。

長大成人後的阿德勒曾說：「人類在出生後的前幾年，實在是太脆弱了。」在嬰幼兒時期，孩子會從自己與母親的關係開始，逐漸形成對自己和這個世界的看法，以及基本的人生觀。孩子一生的態度往往取決於這時期所受到的對待。前面也提過，一個人如何看待這個世界，會因出生順序或性別的不同而有所差異。因此，父母應該從孩子出生的那一刻起，就為他們創造一個有助於健康成長、避免產生偏差人生觀的環境。

家人是彼此的鏡子

阿德勒出生於奧地利維也納近郊的猶太人中產階級商人家庭，是四兄妹中的第二個孩子。由於他認為自己無法在體型和體力上超越哥哥，因此選擇專注於學業。不過，阿德勒也將自身的弱點轉化為優勢，努力發揮自己的潛力。

一八八八年，他進入維也納大學學習醫學，同時對政治、經濟和社會學等領域產生濃厚的興趣。他對「不平等」的問題越來越關注，閱讀了許多強調「階級論」的馬克思著作，並加入了社會主義學生協會，積極參與組織活動。成為醫師後，阿德勒並未忽視社會弱勢群體，他在中產階級勞工聚居的地區開設了醫院，致力於改善他們的生活狀況。

阿德勒認為，每個人會根據與家庭成員的關係，形成對「排序」的獨特看法。其中，手足之間的關係對人類性格和人際關係的發展具有極大的影響。家庭中的每位成員都是這個「家庭」集體的一份子，但每個人所感受到的社會關係和環境意義卻可能大不相同。

因此，即使是同一個家庭的成員，每個人也會帶著自己獨特的經驗與其他成員互動。如果某位成員在某個領域表現出色，其他人自然會感到自己處於劣勢；相反的，當競爭手足出現弱點時，其他成員便會趁機超越。對不平等的感受，從我們還是孩子的時候就開始萌發，因為無論何種形式的不平等待遇，大家都曾經遭遇過。兄弟姊妹之間也會彼此競爭，以試圖取悅父母，若父母對某一位孩子偏袒更多，其他孩子自然會感到不公平和委屈。

因此，**父母應公平對待每一個孩子，尤其在處理子女之間的爭吵時，必須避免偏袒某一方。**即便父母盡量公正地進行仲裁，從孩子的角度來看，仍有可能認為父母偏袒了其他人。為了維護家庭的和諧，父母需要在這方面擔任核心角色，並教導孩子如何解決與手足的爭執，讓他們理解合作與互助的重要性，進而共同經營這個家庭。

防止代代歧視的方法

擁有十年工作經驗的恩珠，總覺得自己在職場上落後於人。她認為這是因為上司偏愛比她晚進公司的知動。知動的工作表現優異，升遷也比她更快，但也讓恩珠心中產生疑慮。她認為上司只安排一些簡單的任務給知動，而自己卻總是被交代了既複雜又耗時的工作，對此她覺得忿忿不平。即使曾向上司提出抗議，最終卻得到了更糟的結果。

然而，下班回家的恩珠，對待子女的方式卻比上司還要更加偏袒。她對成績優異、活潑好動的小女兒相當嚴格，對於長得較像自己的大兒子卻相對寬容。當她意識到自己在不知不覺中創造了不公平的環境時，感到十分震驚。

在亞洲國家，五十歲後半和六十歲以上的世代，都多少曾經歷過性別偏見的成長過程，這讓他們會不自覺地偏愛兒子。而這也使得他們所生的子女，特別是三十歲以上的族群，對於因性別歧視引發的不公不義特別敏感。

阿德勒強調平等的重要，特別是性別平等。他認為，性別歧視是人類歷史上最悠久的歧視之一。性別是與生俱來的，並非透過努力而得，因此，阿德勒指出：「男性的優越地位並非自然的事。」無論性別為何，每個人都應該獲得平等的尊重與價值。

然而，阿德勒的目標並不是要改變二十世紀初時性別所承擔的角色。他提倡的是，不應該利用偏見和刻板印象來為某一性別謀取優越地位，而是應該珍惜並接納每個性別的獨特優勢。阿德勒說：「在一段關係中，社會平等必須透過彼此的努力來達成，讓對方的生活變得安樂、豐盈。如此，雙方才能感到安全，並且即使擁有其他價值，依然能夠覺得彼此的存在是必須的。」

帶給阿德勒心理學影響的德國哲學家漢斯．費英格（Hans Vaihinger）曾說過：「社會平等與『一模一樣』的概念並不相同。我們每一個人都如此不同。社會平等指

的是光憑我們身為人類這項理由，就有獲得價值與尊重的同等權利。」

三十歲以上的人常因遭受歧視而感到委屈，而他們通常希望能有人站在自己這邊。這種「委屈」的感受並非經過理性思考的判斷，而是基於個體經歷和情感反應所產生的。當一個人遭遇不公平對待時，首先會感到委屈，隨後內心可能會湧現出過去曾遭遇不公的回憶。

然而，最重要的問題在於「如何對待自己」。身為一個獨立的人格體，你是如何看待自己的呢？是否也對自己存有歧視？

事實上，許多時候，我們內心的委屈會轉化為對他人的委屈。這是因為我們為了避免再次受傷，開始與他人保持距離，並刻意設立防線。委屈是一種長期以來讓人感到壓抑的情緒，因此必須先將其釋放，才有機會**學習接納自己，客觀地觀察自我，並努力理解及接納他人的言行與意圖。**

因為情感無處宣洩，
當你想徹底抹去自己的時候，
就必須更努力地認識自己。

Chapter 4

該如何活得更像自己？

阿德勒的・自尊感訓練

21

任何人都無法與自己相比

若與現實距離越來越遠，將持續面臨新的難關。

「人的心理，總想努力讓受傷的情緒獲得補償。」

近年來，二、三十歲的族群，比起上個世代更捨得購買名牌精品。根據一項消費趨勢分析指出，第一次購買精品的年齡層，以大學生、二十歲以上社會新鮮人、上班族佔多數，由此可見他們正主導著精品消費市場。而且他們也不介意購入二手精品，因為他們重視的是品牌與商品本身的價值，相對之下，品質就不那麼重要。絕版品反而因為經歷了時間、數量稀有的關係，有時價格還因此暴漲。

為什麼被視為購買力較低的年輕族群，會選擇購買精品呢？其中可能的原因有很多。或許是因為精品品牌作為時尚產業的領頭羊，讓年輕人不願錯過最新的潮流；也可能出於一種補償心理，想藉由「我是能夠消費得起精品的人」來提升自我價值。又或者，是為了感受「我能證明自己了不起」而進行的消費行為。

如果用阿德勒的觀點來解讀，他或許會認為，亞洲年輕人購買精品的原因更偏向後者。他曾說過：「每個人都渴望在所屬的團體與社會中展現自己的存在感，並確立自身地位。」在《身體器官缺陷》一書中，阿德勒提到，人之所以認為自己的身體有缺陷而感到自卑，是因為在團體中看到條件比自己更優越的人，進而產生比較心理。為了克服這種自卑感，人們往往透過擁有某些物質來補償自己。而在現代社會中，最具代表性的例子正是精品消費。

試圖補償空虛的內心與低落的自尊

三十歲以上的族群，長久以來，都是為了追求社會定義之下的「成功」而活。根據我們的社會規範，人生的每個階段，從學齡期到成年期都有所謂的「必須完成的任務」。為了實現這些目標，我們從小便陷入無止境的競爭之中。從出生到二十幾歲，不斷努力，只為了達到一定水準的學歷，找到一份優質的工作。因為只有達成這些社會所認可的「成就」，我們才會覺得自己與眾不同、卓越成功。換句話說，為了能感受到自尊，人們自幼時起就不斷地磨練著自己。

社會學家羅森伯格（Rosenberg）提到的自尊感，與上述的自尊概念十分相似。我們在自我評價時，往往會依據自己認為的價值高低，來決定自尊感是「低」還是「高」。這種自尊感，反映出我們對自身在生活中接受挑戰和克服困難能力的信心，也包含了對自己成就與價值的評判。

因此，像是為了購買名牌包而花上好幾個月的薪水，甚至不惜負債的行為，很難單純解讀為過度消費的傾向。如果進一步分析勉強購買精品的心理，就會發現背後藏著那個十分在意他人如何評價自己外表與形象的「我」。

打開社群軟體，隨處可見朋友、藝人和網紅提著名牌包的照片，此時心裡很容易冒出一個念頭：「為什麼只有我沒有？」這種感受到相對剝奪感的心理，其實就是人性。如果無法擁有和別人一樣的東西，就會覺得自己還不夠好。因此，當我們不清楚自己真正想要什麼、不想要什麼時，往往容易被他人的消費行為影響，進而跟風購買。這種行為，其實可以視為自尊感低落的一種表現。

那麼，為什麼這麼多人會有自尊感低落的問題呢？主要原因為以下四點：

第一，自我的主觀認知與評價偏誤。

有些人總是覺得自己不夠好，因而把所有注意力都集中在自己的缺點上。然而，事實並非如此，我們的不足其實只是眾多特質中的一小部分，但這些人卻選擇性忽視自己的優點，甚至產生「我不如人」這樣的誤解。如果能放下這些偏見，開始接納原本的自己，就會發現自己其實擁有許多值得肯定的優勢。

第二，對自我及能力評價過高。

有些人即使獲得了他人的肯定，也仍然無法認可自己，總覺得自己「應該做得更好」。也有另一些人，認為自己「非常了不起」，而給予自己過高的評價，甚至設立了無法達成的目標，並且不斷追求。如果持續陷入這樣的狀態，不僅難以滿足，還可能導致精神狀況逐漸惡化。

第三，受他人強迫達成目標。

在所有強迫我們達成目標的人當中，父母是最典型的。有些父母會以「我這麼做是因為愛你」「都是為了你好」為名，對孩子提出過高的要求。例如，有些父母會強迫孩子學習他們不感興趣的科目或才藝，這樣的壓力很容易讓孩子對自己產生負面評價。如果無法達到父母的期待，孩子的自尊感也會隨之下降。

第四，面對無法改變的環境所產生的挫折感。

尤其是在脆弱的童年時期，環境的影響往往讓人無法忽視。例如，有些人在童年經歷過父親酗酒、對母親施暴的情況，自己卻無能為力；或者，父母離婚後，為了照顧弟妹而犧牲自己，甚至還陷入貧困。這些經歷會讓他們逐漸習慣於無法掌控的無力感，進而對自己失去信心。種種因素交織在一起，使許多人陷入了自尊感低落的困境，而這份低落感，也可能表現在日常的消費行為中。

鼓勵自己、為自己加油

德瑞克斯曾說：「如果一個人因為達不到社會要求的高標準，或無法在某個領域保持優越地位，就被定義為失敗者，這樣的標籤可能會導致個體在心理上和社會上的適應困難。」隨著社會越來越傾向以外在形象判斷他人，使得精品也逐漸成為一種突顯自身與他人差異的工具。只要穿戴精品，就能暫時感受到自我價值被提升的幻覺。

然而，這不應該成為我們存在的目的。長此以往，即使擁有再多精品，內心的剝奪感和空虛感仍無法被填補，**因為自尊並不是靠物質就能真正被提升的。**

阿德勒指出，對自我抱持錯誤判斷的人，往往會讓自己的狀況變得更糟糕。只有**當我們肯定原本的自己，發現自身的獨特能力，並創造屬於自己的價值時，那份剝奪感才會真正消失。**

物質滿足並非唯一的解決之道。我們可以用其他方式來滋養內心——學會鼓勵自己吧！但請注意，不要用「稱讚」的方式，因為稱讚與鼓勵有著本質上的差異。

稱讚的時候，通常會說「做得好」。因為成績很好、因為幫助了某個人、因為禮讓、因為很聽話等情況下，我們會受到稱讚。然而，這裡「做得好」的標準，是來自於外部。做得好或做得不好的判斷標準，取決於給予讚美的那個人。假如為了獲得稱讚而努力，代表一切行為的出發點，都聚焦在「為了得到他人的讚美」，於是當你越想獲得稱讚，對於外界的看法與評價就會變得更加敏感。

而鼓勵重視的則是「過程」，比起行為本身，我們更該聚焦在行為的背後意義。鼓勵，是肯定對方、接納對方，無論做得好或不好，值得肯定的是對方付出的努力。

對於已步入三十歲的成年人而言，最需要的是學會自我鼓勵。在這個時時刻刻都充滿比較的世界裡，請試著肯定那個從小就在無止境競爭之中早已疲憊不堪的自己，發現並珍視自己所擁有的長處，並給曾因自我苛責而受傷的自己一份真摯的鼓勵。從現在開始，請為自己送上如精品般珍貴的鼓勵，因為你值得擁有最好的支持與力量。

22

人是刻意以未完成的狀態自居

假如你有想逃避的人事物，那麼，在逃避之前請先面對自己。

「認可原本的自己，並不是件容易的事。比起看見自己的優點，我們往往更容易注意到自己的缺點。然而，沒有人天生就不夠好。是我們持續在成長過程中，感到力不從心時，陷入『日子到底該怎麼過下去』的膠著循環所致。」

有時，人會為了保全自尊而刻意不去完成某件事。比如說，有些人在被指派任

務時，總是無法在期限內完成，這是因為他們擔心自己的成果可能會得到不好的評價，於是下意識選擇了迴避被評價的狀況。當任務處於未完成時，還能心存「如果完成了，成果一定會更好」的幻想。換句話說，比起被他人貼上「能力不足」的標籤，他們寧可讓自己處於未完成的階段，至少還能保有獲得高評價的可能。這就是所謂的「未完成的B，勝過已完成但未達標準的B」的心態邏輯。

阿德勒將這種心理機制稱為「自我保護傾向」。個體為了避免預期中的失敗（如受到負面評價），會試圖以迴避（不完成）責任或問題的方式，來掩蓋自己的不足（如能力不佳）。簡而言之，這是一種逃避現實的自我欺騙行為。具有強烈自我保護意識的人，往往會以「自己無法完成」為藉口。他們常說：「如果不是因為〇〇，我一定能表現得更好。」並將無法完成任務的原因歸咎於外在因素，而逃避面對真正的問題。

為保護自己而設下阻礙

阿德勒表示，「自我保護傾向」強烈的人，會為了保護自己而設下阻礙，而這些阻礙大致上可分為四種類型：

・保持距離

當個體意識到阻礙時，往往會選擇保持距離，展現出逃避的態度，主動切斷解決問題或達成任務的可能性。你是否曾經在考試前肚子痛或渾身不舒服？這樣的生理反應，很可能就是為了逃避考試這項挑戰以及面對最終結果的一種表現。

・遲疑的態度

個體將問題歸咎於外部阻礙，並以此合理化自己對問題不採取積極行動的態度。這種行為的阻礙表現，例如在面對困難時，習慣性把責任推給他人或拖延處理問題的時間。如果考試成績不理想，自我保護傾向強烈的人可能會說：「是媽媽的嘮叨讓我壓力很大」、「因為家裡沒錢讓我上補習班」、「我必須照顧弟弟」等，而不肯承認真正原因其實是自己未能讀熟考試範圍。

●逃避問題

個體可能將注意力轉向無關緊要的事情，過度投入於次要問題上，以迴避面對更核心的挑戰或任務。不妨回想自己在考試期間，是否會突然對新聞時事特別感興趣？而這正是典型的逃避行為。

●狹隘的處理方式

透過故意不完成任務，來推遲解決顯而易見的問題，或僅以最低限度的努力來應付，拒絕投入更多心力。例如，故意提交一份尚未完成的成果，就是這種阻礙行為的表現。他們寧可維持「未完成的狀態」，也不願冒著成果被評價不佳的風險。

然而，這些為了得到安全感而採取的迴避策略，正是令自己感到痛苦的主因。人類為了從痛苦的情緒與記憶中解脫，不知不覺使用了逃避策略，好讓自己在逃避期間暫時獲得內心平靜。但是我們終究得解決問題，甚至因為任務尚未完成，而使內心成天惶恐不安。長期下來，反而讓自己更加躊躇不前。

若一再逃避自我，終將成為自己的弱點

日復一日地面對自己的不足，確實會讓人感到煎熬。然而，一旦經歷過幾次，你就會發現這種痛苦其實可以忍受。

試著從他人的角度來觀察自己，客觀地瞭解自己正在逃避什麼。如果你正在逃避某個人，先弄清楚那個人是誰，或者仔細思考是否有特定事件讓你想避開它，也許會因此發現其中有固定模式。如果下意識慣性逃避那些輕視自己的人，無論是權勢強大到無法對抗的人，還是總是貶低自己的人，不妨乾脆迴避這些人，避免與他們接觸。

如果逃避的對象是工作，那就試著思考這份工作帶給你的情緒，以及情緒背後的原因。

從現在開始，試著逐步透過對話來解決問題。你可以先準備好想說的話，並在下次遇到類似情況時，**勇敢地面對那份想逃避的恐懼，並接納自己害怕處於劣勢的情緒**。當你嘗試過一次之後，就會發現這並不如想像的那麼可怕。逃避，只會使你更加焦慮不安。

就算不夠好，那又如何呢？這個世界上沒有人是完美的。即使自己還不夠好，或者遠比別人差，你依然是自己永遠的夥伴。現在，請開始肯定這樣的自己。若連你都逃避自己、欺瞞自己，那會是多麼的痛苦？不要再活在自我欺騙中，更別破壞了與自己的關係，溫柔地擁抱自己，**輕輕對那個無法自我肯定、總是逃避的自己說：「辛苦了，你已經盡力了。以後只需做自己，原本的你已經很好了！」**

23 童年時經歷的風雨，將影響一生

若想擺脫憂鬱、焦慮、無力感，你需要的是獨立。

「有人認為，人類行為的動機，不是來自周遭的客觀環境，就是取決於行為承受者如何解讀。與其追求冰冷的因果邏輯，更該關注主觀情感的連結與理解。」

永峻的父母總是爭吵不休，尤其在教養上更是意見分歧。媽媽主張對子女要嚴格管教，爸爸則認為媽媽太苛刻，而大聲斥責她。每次爭吵，總少不了離婚的話題，還

會爭論孩子的撫養責任該由誰承擔。

媽媽常對永峻和妹妹抱怨：「都是你們不乖，才害我和爸爸吵架！我會被他折磨得這麼慘都是因為你們！」說完還一副疲憊不堪的模樣。這些話讓永峻深感自責，因此討厭自己。他認為只要自己更聽話、更懂事，媽媽就不會這麼痛苦了。於是，他開始埋怨無法達到媽媽期待的自己，也漸漸疏遠那個總是站在孩子這邊的爸爸。

如今，進入三十歲後半的永峻已成家立業，下定決心絕不重蹈父母的覆轍，選擇與他們截然不同的教養方式。他從不斥責或責備孩子，試圖以和諧來取代衝突。然而，這樣的作法卻引來妻子的不滿。她批評永峻過度縱容，擔心孩子將來會無法無天，而永峻則認為妻子太冷漠、不近人情。

此外，童年時期充斥著父母爭吵的記憶，造成永峻對細微的聲音特別敏感，也讓他始終擔心父母會真的離婚，自己將無處可去。這份忐忑的陰影延續至今，讓他害怕孩子步上自己的後塵。為了避免爭執，他選擇對妻子的要求一再妥協，只求家中風平浪靜。

那個懼怕的孩子，仍活在「我」心裡

夫妻間的爭執，往往是由於彼此想要爭奪主導權，而這種衝突可能會對子女造成深遠影響。特別是當爭執升級為辱罵或暴力的場面，對孩子的心理健康更是傷害巨大。若夫妻間的衝突持續不斷，壓力往往會轉移到子女或其他家庭成員身上。有些父母甚至要求孩子選邊站，或以威脅態度對待與自己關係不夠親密的子女，甚至將衝突原因歸咎到子女身上。這些年幼的孩子因此長期籠罩在恐懼之中，容易陷入憂鬱、不安與無助的情緒中。

在父母矛盾頻繁的家庭中長大的孩子，通常會發展出多種應對模式。尤其五歲左右，是塑造個人生活方式的關鍵時期，如果父母關係緊張，孩子往往會表現出以下兩種主要的行為模式：

第一種，一旦發生衝突就逃避。

人際相處中難免會出現衝突，然而，若在過去經歷的衝突中，未能妥善化解不幸，特別是父母間的爭吵，這些痛苦回憶可能會讓人選擇迴避衝突。例如，為避免發生爭執，而將責任全部攬在自己身上；或者，為了逃避責任，他們會陷入猶豫不前的狀態，既無法向前，也一再自我責備。

第二種，時常感到焦慮不安。

他們隨時保持警惕，因為不知何時會陷入「戰爭狀態」；這種警覺源自過去的經驗——原本平和的氣氛卻在瞬間變調，使人感到焦慮不安。而在面對無法解決的問題時，內心往往也會產生無力感；那是由於無法與強勢的父母對抗，只能默默承受，並將這份委屈埋在心底，最終轉化為深沉的怨懟。

現在起，成為自己的避風港

如果你曾因父母衝突而在成長過程中吃盡苦頭，請把自己從這樣的狀態中抽離出來。因為這是父母自己必須解決的分歧，夾在兩人之間的年幼子女什麼也做不了。如果你至今仍因父母的爭吵而感到受傷，試著閉上雙眼，回到小時候目睹他們爭吵的場景。剛開始或許會感到害怕，心疼當時那個年幼又傷心的自己。但如果你能反覆進入這段情境，逐漸地，這些記憶將變得比過去逃避時更容易面對。

若對爭吵中的父母有話想說，就試著向他們表達。同時，也對那個因旁觀而苦惱的孩子，說些安慰的話，並擁抱他的悲傷。長大成人的你，現在應該能以更溫柔的方式擁抱和照顧過去那個感到恐懼的自己。如果願意，還可以為這個孩子命名，讓他成為你生命中的一部分。從今天開始，與童年時傷心的自己同行，如今的你，已有能力成為他最好的依靠。

所有的經歷，都有可能成為未來的正向資源，不論根源曾經是多麼的負面。在逃避父母爭吵的過程中，你或許已經培養出忍耐力與耐受性。如果內心仍壓抑著想迴避衝突的情緒，不妨換個角度思考，就讓事情順其自然發生吧。

此外，衝突還可能讓某些感官變得敏銳。例如，因爭吵聲而變得靈敏的聽覺，或因目睹爭執場面而變得敏銳的視覺，只要善加利用，就能轉化為人生中的助力。

請試著讓過去的負面經驗，成為現在的優勢吧！兒時父母爭吵的畫面早已褪去，如果父母現在仍然爭執不斷，請記住一件事：將父母的人生與自己的人生切分。他們的矛盾不是你能解決的，那是他們必須自己面對的課題。請牢記這一點，**並給予在父母的「戰爭」中，生存下來的自己一些鼓勵和支持**。你可以撫平自己的傷口，也能成為年幼的自己最可靠的守護者。

24

獲得認可時，便能感受到自身價值

個人與個人、個人與共同體的連結越多，『我』的世界也越大。

從嬰幼兒期開始，「目標」便是驅使人類行動的強大動力。而這些目標，並不需要刻意或有意識地去認知。嬰幼兒期的目標相對簡單，例如：引起父母的注意、感受到肯定或追求好奇的事物。隨著成長，這些目標將逐漸演變，到了成人期則會更加明確與具體。

阿德勒將人類定義為「社會自我」，認為「活著」的核心意義在於「建立關係」，也因為如此，阿德勒的心理學也被稱為「關係心理學」。

在他的心理學體系中，特別強調「社會興趣」。所謂「社會興趣」指的是能從他人的觀點，感受到對自身的共鳴與理解，而自己也因此對對方的興趣產生好奇，代表這個人在自己的心中佔有一席之地。

阿德勒曾表示，一個人是否擁有「社會興趣」，是衡量其心理健康的重要基準。觀察那些「社會興趣」高的人，會發現他們通常充滿活力。這裡的「活力」是指對生活的積極態度與進取精神。他們不僅適應群體生活的能力強，也能與其他生命體和平共處，並努力尋找有建設性的工作，對人類充滿愛與關懷，展現出與社會緊密連結的特質。

反之，「社會興趣」低的人往往態度被動，適應環境的能力較差，並表現出逃避社會的傾向。

具有高度「社會興趣」的人，也擁有較高的自尊感與自我效能（即對自身能力的信任）。這些人會積極參與群體活動，並透過對社會的貢獻，獲得組織的支持，進而建立更強的自信。他們超越了個人的界限，努力追求對多數人有益的目標，進一步為生命賦予更多意義。

研究顯示，擁有高度「社會興趣」的人，不僅壽命更長，還對生活有更高的滿意度與成就感。這種對社會的愛與積極參與，成為他們人生中重要的能量來源。

人生中累積的經歷將決定「我」的態度

「社會興趣」可透過小時候與父母的互動養成。人生中第一次的互動，通常是與媽媽之間的交流。當媽媽餵養孩子時，眼神交會的那一刻，孩子會微笑。這一刻的共鳴與理解，便是人類出生後第一次向他人表現出關注，並建立了情感連結。

回顧幼年時期，我們可能會想起一些激發「社會興趣」的經歷。例如，許多人在小時候經歷過與家庭成員共同分擔家務的情況。以下便是來自童年時期，展現出高度「社會興趣」的例子：

「小時候，家中每個人在星期日都有負責打掃的工作和區域。儘管當時的我只有六歲，但我總是盡力完成自己的任務。我會整理玩具、收拾床鋪，還會替媽媽端水杯。如果工作太困難，姊姊們也會一起幫忙，比如搬重物或使用瓦斯爐等。」

從這名個案的記憶來看，他在負責自己的工作時，姊姊會協助他完成無法獨自進行的部分。儘管這只是一個六歲小孩的經歷，但我們可以感受到，這些經驗大多是在彼此互相幫忙的情況下完成的。他從小就學會了家庭成員間的合作，這樣的經驗幫助他建立起對團結的正面認知，也藉此深深記住了「關係需要彼此的努力」這一信念。

反之，如果小時候缺乏足夠的關注與愛，或從未體驗過美好的合作經歷，便會導致缺乏對他人的「社會興趣」。當一個人的需求未得到滿足時，他就會把滿足自己的需求放在首位，進而變得無法理解他人，並且無止境地試圖填補內心的空虛。

超越你我，走向「我們」的道路

擁有「社會興趣」的好處在於，能從更深刻的角度理解周遭的人與環境，並用開放的心態面對一切。如果「社會興趣」強烈，我們便不會固守己見，也不會強迫他人接受自己的看法。因為我們能理解人生有各種不同樣貌，對於過去未曾經歷過的事，會以積極的態度迎接新的挑戰，並藉此累積更多元的經驗。「社會興趣」是實現成功人生的關鍵條件。

假如在幼年時期，未曾從撫養者身上學到合作經驗，尤其是當伴侶或朋友從小也缺乏合作的經歷，對「社會興趣」同樣較為淡薄，又該如何改善呢？

首先，先從鼓勵彼此開始，並且要以具體的方式來表達。對伴侶或朋友具體說明他們的行為是如何幫助自己，並告訴他們這些行為帶來了哪些實際效果，讓自己產生了什麼樣的積極情緒。可以試著這樣表達：

「你這麼辛苦，一直陪伴在我身邊（付出、貢獻），成為支持我的力量（讓對方感覺自己有用處）。謝謝你（建立連結）。

當我們將焦點放在對方某個具體的行動上時，對方會感覺到自己存在的價值被肯定和接納。而一句真誠的感謝，也能讓雙方感受到情感上的共鳴。**鼓勵是一種相互作**

用，無論是給予鼓勵的人還是接受鼓勵的人，都能從中獲得力量與勇氣。

因此，請在日常生活中開始給予小小的鼓勵。從「我和你」這樣一對一的關係開始，養成付出「社會興趣」的習慣。這些微小的「社會興趣」，將會逐漸發展成更深厚的「社會興趣」。

成為三十歲的大人之後，在生活過程中經常面臨競爭的壓力，鮮少獲得稱讚或鼓勵。因為我們總是被上一代嚴厲的鞭策，要求做得更好，必須反省。但只要能夠彼此鼓勵，就能慢慢找回逐漸消失的「社會興趣」。

人生中仍有無數道尚未開啟的門。
首先，請試著打開自己的心門吧！

25

我為人人，人人為我

我們都需要支持與歸屬感，才能漸漸成為組織中的骨幹。

「每個世代都會向上一代學習，並且經歷因渴望權力而遭遇困境的時期，或在陷入混亂的狀態時，依然堅守自己所習得的價值觀。」

根據二〇二一年韓國統計廳的資料，約有一七〇〇萬的MZ世代*國民，佔全國總人口的34％。在韓國企業中，MZ世代的比例也已接近50％。

ＭＺ世代在組織中展現出的特徵，是極為強烈的「個人主義」，注重自我發展而非集體目標。如果上一代重視的是組織目標以及部門整體成果的評價，ＭＺ世代則更看重依據個人能力而獲得的公開評價和相應的報酬。他們的特點之一，是追求工作與私人生活的平衡。如果組織無法提供有助於個人成長的機會，他們往往會選擇進一步追求更遠大的目標，或毫不猶豫地轉換職涯跑道。

他們強調的是平等與公平的權益。從小便樹立了目標，並在競爭激烈的環境中不斷努力實現，因此，對於應該根據努力得到相應的稱讚和報酬，有著強烈的需求。

「公正性」是ＭＺ世代的核心價值。他們不接受不合理的工作或決策，並重視正義感。這與上一代以關係為主導，再看成果的工作模式大相徑庭。ＭＺ世代重視的是個體、開放、專業，並期待與價值相符的報酬。也由於從小生活在數位環境中，習慣開放式的溝通方法，因此對於公正和平等有著深深的認同。

＊：ＭＺ世代是介於Ｍ世代和Ｚ世代之間的人口統計群體，定義為一九八〇年至二〇一〇年出生的人。

雖然ＭＺ世代看似擁有獨特的文化特徵，但其背後的根本原因，可以歸結為與上一代的差異。在韓國，四十歲以上成年人的父母輩，通常認為孩子應該自然長大，並透過身教和所學，養育孩子成為能在社會中立足的人。但ＭＺ世代的父母通常只養育一或兩個孩子，並儘可能提供孩子自己未能從父母或社會中獲得的資源，這也是環境變化所帶來的差異。

在文化層面上，家庭內的決策模式也發生了變化。過去的家庭以長輩為主，強調權威；但如今，家庭更重視的是子女的學業和成長。

歸屬感，是最根本的欲望

如此重視個人主義的ＭＺ世代，在進入社會後，該如何適應群體而不產生摩擦呢？其實有許多方法。尋求歸屬感是人類的普遍特質，也是基本需求之一。阿德勒曾說過，人類渴望持續感受到與他人的同質性，並成為某群體中的一員，這也將使得ＭＺ世代對社會議題有著莫大關注。

由於歸屬感的需求，人類在組織中往往會透過自己的貢獻來獲得肯定，這也使ＭＺ世代對成功的渴望顯得格外強烈。因此，會希望與組織成員一起合作，透過相互協同來創造理想的成果。不論是Ｍ世代還是Ｚ世代，都為了能在職場有所貢獻而付出努力。

ＭＺ世代與其他世代的不同之處在於，當他們在組織中找到明確的位置時，會感受到更深的歸屬感。如果認為自己在團體中是一個重要的存在，就會為了團體的穩定與福祉而更加努力。然而，如果他們感覺自己不斷被他人的目光和期待所左右，且成果也受到局限時，對歸屬感的需求將會大幅減少，隨之而來的，便是努力的下降。

我們是平等的存在及彼此的夥伴

阿德勒似乎早已預見這樣的發展。他曾說，當組織成員的歸屬感越強，組織的發展和成果也會與之呈正比。MZ世代的歸屬感，隨著個人與群體的相互作用而逐漸增強，尤其當他們感受到自己的貢獻對團隊共同成果產生正面影響時，會更加明顯。

然而，如果他們認為自己毫無價值或自我滿足感低落，並在組織中找不到立足之地，那麼，離開團體的渴望將會愈發強烈。對MZ世代來說，歸屬感是驅使他們行動和發揮熱情的重要動力。

在生存的過程中，某些人或許會創造出「誰才是真正成就社會的人」等嚴苛的標準與規範，像是「要在組織中取得成功，應該怎麼做」或「成功的人是如何做到的」，而這些來自他人的主觀評價和偏見，有可能會成為衡量他人的標準，或依據這些判斷來界定每位成員的重要性。

至於ＭＺ世代如何在團體中建立歸屬感，則需要依靠上一世代提供更全面的協助。想讓ＭＺ世代的主觀努力和貢獻轉為內化，組織必須給予這些成員大量的支持與鼓勵，他們將在感受到歸屬感的同時，成長為組織的中流砥柱。如此的正向循環，正是個人與組織相互成就的過程。

26

健康的身體，是所有成功的先決條件

當我給予自己足夠的關心時，就能擁有最健康的人生。

「人的身體會根據外部環境的需求作出反應，並在面對阻礙時，試圖將機能維持在平衡狀態。仔細觀察此過程，我們可以體會到身體的智慧。」

自卑感在人類的演化過程中扮演了關鍵角色。在不斷面臨危機的情況下，人類不可避免地會產生不足心理。為了逃避這些危機，我們必須成長。對此，阿德勒說：

「身而為人的特性，就是持續擁有令自己想要克服的自卑感。」人類天生渴望由低往高處邁進，而克服自卑感的行為本身就是一種積極的追求。

當自卑感愈發沉重時，人便會無止境地追求優越感。雖然也可以選擇簡單地生存下去，但為了克服自卑感，我們不斷為自己設下挑戰，勇敢地迎向它並且企圖突破，最終將完成這場自我超越。對我們來說，達成「戰勝自卑感」的目標不僅需要精神上的堅持，還需要強健的體力。畢竟，身體是實踐人類意志的工具。只有身體健康，我們的心靈才能獲得充足的能量。身體與心靈是一體且無法分開的。

如果不健康，身體就無法順利執行任務。例如，當經常感到飢餓時，我們會處於緊張狀態，因為不知何時會出現不適。而這種緊張感又會影響身體的各個器官，形成惡性循環。即使是呼吸、內分泌系統、感官、神經等看不見的部分，最終也會反映在身體上。

身體不斷地發出警訊

我們的身體總是不停地傳遞訊息，企圖與我們溝通，阿德勒將此形容為「身體器官想說的話」，並藉此來警告我們目前身體的狀態不佳。例如面對全新挑戰時，會與保持平常心的狀態不同，必須鼓起很大的勇氣才行，因此，心跳就會急促得噗通、噗通跳。

不過我們關注的，總是身體以外的事物，而無法及時發現身體的異狀。由於時常暴露在危機中，大腦自然傾向於優先應對當前狀況，比起照料自己的身體，我們經常為了先解決眼前的問題而疲於奔命。與此同時，身體承受更大衝擊的頻率開始增加，而人卻不斷無視身體發出的警訊。

危險一直存在於生活之中。大腦會感知到危險並做出反應，是因為大腦擔當的最重要功能就是確保我們的生存。身體會在體內傳送信號，提醒我們何時需要飲食、休息、保護、性行為、睡眠等，也會制定該如何接收這些需求的策略。

那麼，身體在經歷何種過程時會發出信號呢？外界的資訊會透過我們的眼睛、耳朵、皮膚等感覺器官傳遞到身體，而這些感官所收集到的訊息則匯聚到大腦中的邊緣系統，特別是下視丘，經過處理後，會迅速釋放荷爾蒙作為神經傳導物質，發出警告信號。如果杏仁核發出危險警報，身體便會分泌皮質醇和腎上腺素等壓力荷爾蒙，並以脈搏加速、血壓上升的方式警告我們。此時，我們會感覺到身體不對勁，開始停止不必要的能量輸出，將其集中在生存所需的基本功能上。

人體各個器官彼此間相互聯繫，實際上，內分泌腺（如甲狀腺、生殖腺、腎上腺、腦下垂體）之間也是互相關聯的，它們既可能對彼此產生負面影響，也能相互合作，進而促進身體的健康。當周圍神經系統和中樞神經系統協作時，會提升我們的執行力和反應力。

如果忽視身體發出的警訊，即使某些器官已經遭受嚴重損傷，我們也可能無法覺察。身體衰弱時，精神狀態也會隨之受損。若不同時關注身心健康，身體對於變化的反應會變得遲鈍，最終將對整體健康造成更大的影響。

唯有身心健康，人生才會健康

我們必須更加敏銳地感知身體所傳遞的內外變化。

照顧身體，也是在同時照顧我們的心靈。身體與心靈雖非獨立存在，但兩者之間密不可分。這也是為什麼精神上的休息、緩解緊張和運動，對身體如此重要的原因。

日常生活中，請嘗試養成深呼吸的習慣。吸氣時，當空氣進入到頭頂，停一下，回想曾經讓自己愉快的回憶。接著，慢慢地吐氣，將氣息從肚臍下方的丹田處完全吐出。反覆幾次這樣的練習，不僅能活化身體，也能藉由將注意力集中於呼吸，幫助你專注在當下。內心的緊張，往往來自對過去的後悔和對未來的擔憂，而專注於當下，能有效緩解這些壓力。

此外，保持運動習慣也很有幫助。藉由持續運動，克服壓力的能力也會隨之提升。如果因為身體虛弱而無法進行劇烈運動，不妨先從輕度的伸展或散步開始嘗試。如果每週已經進行了三次輕度運動，可考慮在固定的時間逐漸加入強度較高的運動，如重量訓練。隨著運動強度的提升，運動頻率便可適當減少。

另外，拍攝「身體簡歷」（body profile）照片也是很好的鍛鍊身體方式，尤其是在塑造健美身型後，能夠為你帶來極大的成就感。為了能拍攝值得留存的照片，持之以恆地運動是必要的，這能幫助你養成習慣，並逐步達到目標。

隨著運動習慣的養成，生理和心理上的附加效果也將隨之而來。**肌肉量的增加，**

能夠延伸至心理層面的力量，幫助你在克服痛苦與逆境後，更容易回到原本的狀態，進而提升「復原彈性」。而這種復原彈性能減少心理健康上的問題，增強我們對環境變化的適應力，帶來穩定與自信。

有關身體器官的語言，會透過感受來表達。請試著熟悉下列的感覺單詞：「提心吊膽」、「不寒而慄」、「口乾舌燥」。也請觀察看看，當這些感官起了變化時，自己的情緒會如何轉變。好好聆聽身體的語言，在照顧身體的同時，也記得照顧自己的心靈。

即使焦慮與恐懼吞噬了我，
即使人生不順遂又艱辛，
我依然會相信自己。

27

沒有人是為了讓人生失敗而活的

如果希望世界如此對待我，
也請以同樣的方式對待世界。

「人類為了主動適應外界的衝擊，總是不斷地為生存而奮鬥，並在這過程中，努力變得完美。」

來到這個充滿挑戰的世界，我們並非僅僅為了承受名為「人生」的懲罰；人生的道路上，也充滿了因跨越痛苦而編織出的喜悅與意義。如果我們能在日常中多積累一點正向的小片段，人生將充滿更多積極明亮的日子；如果選擇在生活裡書寫負面的故事，那麼，我們將無法逃脫痛苦的折磨。

如果能讓內心保持平靜，即使外界的某些因素短暫地動搖了你，最終也能夠回到原本的狀態。然而，若內心充滿動盪不安，總擔心風暴的到來，即便是微小的外界衝擊，也能輕易將我們擊倒。堅強與否，關鍵就在於如何建立一個和諧的內外關係。

我們為了成為更完整的自己而設立目標，是希望能與所屬的組織共同發展。如果只是因為害怕面對「徹底失敗」，而將人生的課題暫時擱置，以此達成自以為「完整」的目標，但這並非真的，只是一種自我保護的傲慢。**真正的「完整性」，不僅對自己有利，應該也要有助於我們更順利地融入職場和生活。**

不斷地超越自我

一般的心理學，多半著重於理解個人內在的心理因素。然而，阿德勒心理學的視角更為廣闊，他將重心從個人擴展至個人所屬的共同體。阿德勒特別關注的是個人從社會或組織中體驗到的一體感，以及對社會福祉的關懷與興趣。他曾指出，那些以共同生存為目標所制定的理想方向與規範，即是所謂的「共同體感覺」。

人類的生活旨在與他人共同度過。與其他人一起好好地生活，將能豐富、滋潤自己的人生，也因此，個人在其所屬的社會或群體中感受到的「共同體感覺」相當重要。每個人天生便擁有發展歸屬感的潛力，而孩子成長的過程，則是培養這種共同體感覺的最佳時機。

至此，本書已經討論了人類感受到「不夠好」、「沒有價值」、「無用」等自卑情感的形成過程。自卑感尤其容易受到兒時環境的影響，包括所處的社會與經濟條件、戰爭與貧困、疾病、家庭氛圍、文化背景、家庭結構等。此外，父母之間的關係、兄弟姐妹的互動、出生順序、性別偏好（如對男女性別的期待）、與死亡相關的經歷、生理健康問題、父母的精神狀況以及家庭內部的障礙，甚至個人的氣質等，這些都可能成為影響因素。自卑情感的形成不僅是我們個人的問題，也可能與家族史有著緊密關聯。

在阿德勒的心理學理論中，生活模式與性格是相同的，這包含了個人對自己、他人以及人生的看法，還有如何面對生活挑戰的策略。人們對生活採取的態度，以及他們在面對困難時持續出現的反應模式，都在本書中透過案例進行了說明。

像是「因為我不夠好，別人不會對我感興趣，所以我不能拒絕任何人」這樣的核心信念，並不僅僅是我們自身的原因而形成；這些信念原型，通常在五歲左右受到多種因素的影響而產生，甚至祖先的經歷也可能是其中原因之一。但請不要將責任歸咎於自己或家族，這麼做能得到什麼幫助呢？如果將自己困在自責的框架中，又能帶來什麼改變呢？

由於受傷經歷對大腦的強烈影響，可能會讓自己產生負面的認知，例如「我不夠好」。換句話說，極限往往是自己設下的，即便是過去的經歷也一樣。從兒時起，我們就已經在熟悉的人際關係中，採取了防禦、迴避或保持距離等自我保護的方式來應對生活裡的各種挑戰。

自我保護絕非壞事，畢竟人類也藉此生存下來了。然而，問題在於對眼前面臨的狀況與人際關係做出反應的模式，在我們很小的時候就已形成。這些模式至今仍如影隨形，不停地干擾著已經長大成人的自己。

面臨考驗時，如果問自己「這種事為何會發生在我身上？」，能得到解答嗎？就算很清楚原因為何，但已發生的事無法改變，可以雙手一攤嗎？還是只能不斷怪罪過去，委屈地過日子呢？

獻給即將進入轉捩點的三十歲

阿德勒心理學主張：「過去可以重寫。」我們隨時可以改變自己的命運。

從今天起，請嘗試做出不同的選擇，暫時放下過去熟悉的方式，以更客觀的角度來觀察、聆聽、感受，彷彿自己正被他人從遠處凝視。此時，問自己：「我會如何選擇？」當人事物都融合為一體時，將難以清楚地看見其中的細節。但如果我們能將事件和自己分開來看，就能從不同的角度理解事物，拓展自己的視野。

人生總是充滿各種不確定。越是試圖掌控這些挑戰，就越容易遇上更多無法掌控的情況。與其拚命掌控一切，不如順應當下，隨遇而安。雖然這樣的心態難以實踐，但即使是再大的風雨，最終也會隨著時間消散，太陽依然會再度升起。而這股讓世界恢復平靜的力量，則來自於內心的平靜。保持內心的安定，不論外界如何動盪，寧靜仍會隨之而來。如果內心無法平靜，也就會不斷地面對動盪的人生。外界發生了什麼固然重要，但更關鍵的是，你因為這些外界事件而產生了什麼樣的變化。

即使獲得了外界的肯定和讚美，內心依然感到空虛時，可能會尋求遊戲、酒精、食物等方式來填補這份空洞。本書提到的兒時經歷和記憶中的那份空虛，源自於過去未曾得到滿足的需求。年幼的你，無法向任何人訴說心中的感受，現在是時候由你來陪伴自己，發掘那個孩子的優點，找到資源，並積極給予鼓勵和支持。眼睛所見未必是事實，外表下隱藏的真相更為重要。

所有行動背後都有其目的。當你感受到自己不夠好，並將責任歸咎於自卑感時，實際上你所隱藏的，是一顆渴望做好並獲得認可的心。所以，請別再責怪尚不完美的自己，並從現在開始肯定自己正在慢慢前進。曾有研究指出，人性中的軟弱使得我們每天有80％的時間，都用來消耗內心想逃避的事情。然而，在這80％的重擔中，也包含了我們可以發揮的優勢與克服困難後能獲得的成就，請將專注力放在積極的面向上吧！

過去的經歷會對我們造成正面或負面的影響，但這些影響並不會決定現在或未來的走向，因為你正做出對自己最有利的選擇。如果過去你習慣的方式未見成效，那麼，不妨嘗試書中提到的方法——鼓勵自己、為自己加油。

沒有人擁有為成長做好萬全準備的童年，每個人都有偏差，也有無知的時候。沒有所謂完美的父母、完美的孩子或完美的大人，每個人都只是盡力過得充實，並努力做到最好。人的一生中難免會經歷失敗或犯錯，所以不必為了控制不確定的未來而感到焦慮。

無論願意與否，人類天生是社會性動物，最大的喜悅來自於子女、伴侶、同事、父母等人際關係，但痛苦也經常來自於此。人向來以自我為中心，其他人也忙於關注自己，而忽略他人。為了妥善經營人際關係，我們不能只是堅持自己的觀點。如果不努力維護，最終可能導致關係破裂，而帶來痛苦。人際關係需要彼此共同努力，才能維繫下去。

我們都是地球上的共同體。如果我餓了，別人也會餓；如果我受傷，這種痛苦也可能影響到我的後代。凡是人，都無法逃避社會壓力。為了使喜悅最大化、生活中的負擔最小化，我們需要承擔起自己的責任，學會與他人合作，並尊重共事的人們，也因此，請鼓起勇氣接納他人，成為彼此的夥伴。

人生的意義會因為我們每個人賦予它的定義和看法不同而有所不同。現在起，希望你的人生能開啟新的篇章，並以你想要被對待的方式來與這個世界互動，你就是你，不必成為他人眼中期待的樣子。

你不必成為任何人

給即將或正值30世代的你，無條件接納自我的阿德勒心理學

作　　者　朴藝真
譯　　者　劉宛昀

責任編輯　楊玲宜 ErinYang
責任行銷　鄧雅云 Elsa Deng
封面裝幀　之一設計
版面構成　譚思敏 Emma Tan
校　　對　葉怡慧 Carol Yeh

發 行 人　林隆奮 Frank Lin
社　　長　蘇國林 Green Su

總 編 輯　葉怡慧 Carol Yeh
主　　編　鄭世佳 Josephine Cheng
行銷經理　朱韻淑 Vina Ju
業務處長　吳宗庭 Tim Wu
業務專員　鍾依娟 Irina Chung
業務秘書　陳曉琪 Angel Chen
　　　　　莊皓雯 Gia Chuang

發行公司　悅知文化　精誠資訊股份有限公司
地　　址　105台北市松山區復興北路99號12樓
專　　線　(02) 2719-8811
傳　　真　(02) 2719-7980
網　　址　http：//www.delightpress.com.tw
客服信箱　cs@delightpress.com.tw
I S B N　978-626-7537-51-0
建議售價　新台幣３９０元
首版一刷　２０２５年01月

國家圖書館出版品預行編目資料

你不必成為任何人：給即將或正值30世代的你,無條件接納自我的阿德勒心理學／朴藝真著；劉宛昀譯. -- 初版. -- 臺北市：悅知文化 精誠資訊股份有限公司,2025.01
面；公分
ISBN 978-626-7537-51-0 (平裝)

1.CST: 自我肯定 2.CST: 自我實現 3.CST: 情緒管理
177.2　　113019083

建議分類｜心理勵志